慈溪市政协教科卫体文化文史和学习委员会 编

慈溪文史资料第三十三辑

慈溪国营工厂纪略

桑金伟 著

宁波出版社
NINGBO PUBLISHING HOUSE

《慈溪国营工厂纪略》编委会

名誉主任：陈杰峰

主　　任：王益女

副 主 任：方向明　陈幼萍　童银舫

委　　员：（按姓氏笔画为序）

　　　　　王孙荣　王益女　王清毅　方印华　方向明

　　　　　方煜东　厉祖浩　冯昭辉　阮万国　孙群豪

　　　　　励双杰　邱雄飞　陈幼萍　周乃复　康华君

　　　　　童银舫

著　　者：桑金伟

序　言

桑金伟十年磨一剑，写了这本《慈溪国营工厂纪略》，可喜可贺。

记得1990年，当时的慈溪县工业公司编写了《慈溪县国营工业志》，邀请我作序。近30年过去了，桑金伟又写了这本书，这无疑是对前书的细化和补充。前者是一部产业志，记录比较全面，包括了管理机构和供销流通企业等；本书写的是从事制造业的国营工厂，它是整个工业企业的重心。因此这两书形成了很好的互补。

中华人民共和国成立前，慈溪工业仅有一些手工业作坊。中华人民共和国成立后，慈溪工业面貌发生了巨大变化：1956年通过公私合营，慈溪工业初具雏形。1957年以后行业有了显著增加，其中化工、机械、造纸等行业曾一度迅速发展，传统的食品、酿酒、草编的生产规模也很快扩大。1966到1976年间随着一批纺织、机械、化工、建材等现代化工厂的兴办，慈溪国营工业的实力明显增强。1966年，慈溪县国营工业的总产值5420万元，占全县工业总产值的四分之三，是工业企业中的老大哥。这些国营工厂为慈溪县的经济发展作出很大贡献：是青年居民就业的主渠道，是县财政收入的主要来源，也是以后发展民营经济的重要人才培训基地。1978年党的十一届三中全会以后，慈溪积极贯彻改革开放的方针，在调整工业布局的基础上，又兴建了慈溪第二棉纺厂等大型骨干企业。同时深入开展挖潜革新，积极进行企业整顿，大力发展横向联营，组织推广厂长负责制和其他各种形式的经济责任制，使国营工业得到前所未有的发展。

20世纪90年代，随着改革开放的深入，慈溪国营工厂绝大部分转化为民营企业。在慈溪从一个农业县向现代工业市发展的历史进程中，慈溪国营工厂立下不可磨灭的功劳。现在把她收录在文字上、定格在图片中，是十分必要的，也是很有意义的。

其实我与桑金伟交往很早，我也爱好摄影，2003年我出过一本《会员风采·沈祥家摄影集》，桑金伟为此写过一篇评论和推介的文章，发表在《慈溪日报》上。桑金伟几十年如一日，不改初衷，为慈溪留下很多珍贵的老照片。这本书上的插图也成了只见消失、不可重摄的老照片，它更使本书成为不可多得的图文并茂的史料。

感谢桑金伟同志为慈溪国营工业留下了浓墨重彩的创作。

谨以此为序。

沈祥家

2019年10月28日

序言作者系慈溪市人民政府原副市长

前　言

慈溪的国营工厂如今已成了一页翻过去的历史，这一页历史是辉煌的，也是重要的。今天回顾这段开创性的并承上启下的历史是很有意义的。

为了使读者在阅读这本书时更明白作者的做法和意图，有必要在此前言中阐明一些情况。

一、1987年到1990年，慈溪县工业公司（即原县工业局）编写了《慈溪县国营工业志》，本书是对该志的互证、细化和补充。

这个细化只是局部细化，即对一些工厂艰苦的初创过程或某一突出的业绩和个人作较详记叙；补充的是不属慈溪县工业公司主管、由其他各局"归口管理"的工厂及1988年后才建立的国营工厂。因此本书不是志书，不能用志书的规范来要求它。

二、本书属慈溪市政协文史资料专辑。为了突出史料性，本书在"慈溪部分重要国营工厂分篇记叙"的各篇中，插入了较多的建厂以前该行业形成的史料。

三、本书的叙述采用点面结合的形式，上篇的"慈溪国营工厂综述"和中篇的"慈溪各国营工厂简志"即是面；下篇的"慈溪部分重要国营工厂纪略"即是点。

四、下篇的"慈溪部分重要国营工厂纪略"8篇文章，动笔较早。从2013年5月开始，这些文章就在《慈溪日报》的《海地文脉》版和《追忆老国企》的栏目中陆续发表。根据《海地文脉》版文章应有一定文采及亲和力的"版性"要求，这8篇文章多以第一人称出现，并带有一点文学性。而且这8篇文章都由大量采访得来，当时没有出书打算。

2017年初，慈溪市政协新一届伊始将本书列入政协文史资料征编出版计划，并举行了出版签约仪式。根据政协对本书应增加慈溪国营工厂面的内容之要求，笔者又花了2年时间，几乎寻遍了慈溪各主管局编写的"局志"，摘录了它们各自分管的国营工厂之简况，从而形成了本书的中篇内容。然而这部分内容缺少了文采且以第三人称出现。

在最近召开的本书审稿会议上，评审组的同仁们提出了中肯的修改意见，其中包括了"上篇、中篇与下篇的风格不统一"的意见。为此笔者修改时对这两者作了相应的改动，缩小了两者的差异，但适当保留了笔者个人的行文风格和采用第一人称的做法，我想这也符合政协文史资料重视"三亲"的特色。

五、本书尽量多写到一些人物，特别是为国营工厂付出过艰辛的基层领导和工人。但肯定还有不少遗漏，甚至可能出现挂一漏万的情况，请有关人士多多原谅。

桑金伟

2019年11月9日

目　录

序言 / 沈祥家 ... *1*
前言 ... *3*

上篇：慈溪国营工厂综述 ... *1*
国营企业的通常概念 ... *2*
慈溪国营工厂范围界定 ... *4*
慈溪国营工厂的总体历史回顾 ... *5*

中篇：慈溪各国营工厂简志 ... *19*
慈溪县（市）国营工厂名录 ... *20*
慈溪各国营工厂的逐个记录 ... *22*
慈溪国营工厂出产的名牌产品 ... *51*

下篇：慈溪部分重要国营工厂纪略 ... *55*
"慈动"——迈过甲子的"老国营" ... *56*
"慈溪茅台"出白洋——记慈溪酒厂兼慈溪酒业的兴衰 ... *71*
让毕昇欣慰的人们——慈溪印刷厂回望 ... *83*

让彩云飘在头上——记国营慈溪金丝草帽厂　　94

南风吹来的油香——记慈溪机榨油厂兼慈溪老油坊　　110

梅开两度终于盛——记国营慈溪水泥厂　　125

全国小氮肥生产的一面旗帜——曾经的慈溪化肥厂　　138

"慈二棉",一个曾经的故事　　150

参考书目　　161

附录

追忆老国企,留住行将湮没的文化记忆　　162

致谢　　170

后记　　172

上篇／慈溪国营工厂综述

国营企业的通常概念

　　本书所谓的慈溪国营工厂，是指在慈溪现有的境域内，过去存在过，现在已成为历史的国营工厂。因为它们是整个国营企业的重要组成部分，因此必须先从国营企业说起。

　　但是，关于国营企业、全民所有制企业、国有企业等名称的概念，是法学界和经济界争论不休的复杂问题，因此本书不对上述概念作深奥的讨论，仅对国营企业的概念作通常简单的阐释。

　　国营企业，从字面上可以理解为由国家经营的企业。由于中华人民共和国成立后，国家经济制度属全民所有制性质，国营企业便可理解为产权全民所有、委托政府经营的企业。因此国营企业又可称为全民所有制企业。中华人民共和国成立初期没有国营企业这种称呼，这类企业往往称作"公营企业"，它与当时的私营企业相对。那时的"公营企业"，就是后来的国营企业。

　　从中华人民共和国成立初期的社会主义改造完成后，到改革开放全面起步为止的过去一段较长时期内，我们国家经济的主体由两大支柱组成：在农业方面由农村集体所有制经济性质为主体的"公社"和"生产大队"组成，即"队为基础，三级所有"的形式组成；在工商业方面主要由全民所有制为主体的国营企业及集体所有制企业如"大集体"等组成。那么国营企业的产权性质就可以解释为具有中华人民共和国国籍的全体公民之共有的,且委托国家经营的共同财产。

自从改革开放以来,即党中央提出了"发展市场经济,完成从社会主义计划经济到社会主义市场经济的经济体制转轨"的改革目标以来,我国的经济支柱——"全民所有制经济"的称谓由"国营经济"变为"国有经济"。1993年3月29日第八届全国人大一次会议通过修正案,将"国营经济"改称为"国有经济",同时,"国营企业"对应地更名为"国有企业"。

"国有企业"在国际惯例中仅指一个国家的中央政府或联邦政府投资或参与控制的企业。在中国,"国有企业"还包括由地方政府投资参与控制的企业。

笔者认为"国营企业"与"国有企业"最大的区别在于"营"与"有"的不同:"营"意味着国家不仅控制并且直接经营,"有"表明国家所有,但国家不一定直接经营。

此称谓的变化有重大的理论和实践意义,对推动我国的国企改革和经济类型的深度发展提供了有力的法律依据和政治支持。同时也必将进一步引导和促进我国国有企业的改革开放。

国营企业和国有企业通常都可简称为"国企",但一般来说,我们总是将改革开放前计划经济下的"国企"称为"国营企业",将改革开放后市场经济下的"国企"称为"国有企业"。

过去有"国营企业是人民共和国长子"的说法,这形象地表明了国营企业在我国的重要地位。在慈溪,过去的国营企业主要由国营工业企业和国营商业企业组成,此外还有一些国营金融企业和国营交通企业等等。而国营工业企业中又以制造产品的工厂为重心,制造产品的工厂又属"制造业"。制造业直接体现了一个国家的生产力水平,是区别发展中国家和发达国家的重要因素。制造业在世界发达国家的国民经济中占有举足轻重的份额,近年来我国对其发展也十分重视。

在国营工业企业中还有电力等工业企业。在慈溪,国营工业企业中还有如"工业经理部"之类专门从事流通和服务的企业。上述工业企业都不列入本书所要记写的范围,因此书名中用了"工厂"这两字,而不用"工业企业"。

慈溪国营工厂范围界定

过去的国营工厂又分为国营工厂和地方国营工厂两种。前者又可称为中央国营工厂，是由中央政府管理的，严格地讲在慈溪它几乎没有；后者即地方国营工厂，是由地方政府管理的，它在作为县域的慈溪，比重很大。但这两种工厂实质区别不大，故本书不把这两种工厂加以区分。

在慈溪，过去国营工厂都分系统"归口管理"，如慈溪机榨油厂归粮食系统（即原县粮食局）管理，慈溪煤制品厂（即原浒山煤球厂）归物资系统（即原县物资局）管理等等，但大部分工厂均由工业系统（即原称县工业局、后称市工业公司）管理。本书罗列的国营工厂不限系统归口。

然而这种"归口管理"又是动态的，如慈溪制药厂自1972年开始由商业系统划归工业系统管理；慈溪密封材料厂前身是个"社办厂"，由社队企业局管理，后称慈溪密封材料厂成为"大集体"，为县二轻工业总公司所属，1983年底改称为地方国营慈溪密封材料厂，归口工业系统。如此等等，不一而足。

本书的原则是，不论归口如何，只要这个工厂在改制时属于国营企业的，本书都尽量收列，力求全域覆盖。要指出的是，县属各系统（即主管局）大都属全民所有制性质，但它所管理工厂有个别却是非国营性质的，如慈溪内燃机配件厂是浒山镇办企业，连"大集体"都不到，但归属工业系统管理，其他系统也有此类情况；有些国营工厂内又办"大集体"工厂，等等。这类非国营工厂也不列入本书。

有不少工厂规模不小、产品又好，如慈溪地毯厂、慈溪第二农机厂、宁波工具厂等等，但性质仍属"大集体"。又如在慈溪发展过程中也作出了较大贡献，建立很早，管理也正规的供销社系统（即县联社）下的一批棉花加工厂，其也属"大集体"企业，对于上述工厂本书也只得忍痛割爱了。

慈溪国营工厂的总体历史回顾

中华人民共和国的国营企业主体,最初是通过20世纪50年代初期时"没收官僚资本、赎买民族资本归全民所有"的形式而建立起来的,从建立后到20世纪90年代的40多年时间里,它一直是国家财政的主要收入来源和主要支出渠道。它为我国的经济建设作出了巨大的贡献。

在现境的慈溪,早年的官僚资本弱小无几,民族资本也不厚实,因此国营企业的基础非常薄弱,相对现代工业体系来说慈溪的工业基础几乎是一张白纸。

面对着薄弱的工业基础,在这40多年的时间里,慈溪的各级领导带领不怕苦累的百姓,不负党中央、国务院所望,先把棉花生产搞上去,并在围绕着棉花为主的农业生产和满足老百姓需求的前提下,以及国家计划供应严重不足情况下,克服资源相对贫乏、交通并不便捷的困难,一如既往地着力发展工业。

如从最初以解决传统农具之急需的铁工厂,发展到生产轧棉机为主的农机厂,再扩展到制造农民适用的小型柴油机的动力机厂;发展以自产棉花为主要原料的棉纺厂、棉织厂;建设为解决棉籽出路的机榨油厂;为满足生产队改建晒场、修建水利设施和农户建翻瓦房的需求,努力筹建自己的水泥厂和砖瓦厂;为弥补化肥农药计划供应不足的缺口,着力营建化工厂、化肥厂和农药厂等等。此类事例,不胜枚举。这种筚路蓝缕的创业史在下篇的"慈溪部分重要国营工厂分篇记叙"中展开。

过去的国营企业,特别是那些主干的国营工厂,是当年慈溪国民经济的主体和命脉,也是改革开放后慈溪经济腾飞的基础。在慈溪,在从社队企业到乡镇企业,再到私营企业,直到民营企业的突起过程中,国营工厂不仅贡献了生产技术和技术工人,而且还提供了一批批管理的干部。

这里最显著的事例是慈溪动力机厂(以下简称"慈动"):20世纪50年

代初创时,"慈动"的前身担当了生产传统小农具的重要任务,1961年10月它把这项任务交给了新建的浒山铁工社;后来这个铁工社又发展成宁波工具厂。1971年"慈动"扩大生产柴油机时,又把皮辊轧花机的生产任务交给了"二轻"系统的一个工厂。1972年7月慈溪机床厂在"慈动"内成立,同年10月慈溪机床厂迁出另立。1974年10月"慈动"冠名正式问世,在厂门口附挂"慈溪农机修理制造厂"牌子。1978年11月慈溪农机修理制造厂又从"慈动"分离独立出来。1988年3月15日浙江慈溪三环柴油机集团公司成立大会在慈溪县人民大会堂召开,在此前后它已整合一系列的大集体和小集体的工厂,如慈溪内配厂等等。"慈动"犹如一只母鸡不断生蛋、孵小鸡。

同时"慈动"培养了如从普通工人到技术员,再到科长、副厂长、厂长,后成为慈溪市外经贸局局长、慈溪市副市长的毛学畅;曾任慈溪县计委主任、退休后成为杭州湾跨海大桥工程指挥部顾问的傅涌廷;仅初中毕业,后获得省科技成果二等奖,进京参加国家科技大会,受到党和国家领导人的接见,被授予全国劳动模范称号的陈其连等。先进的人物还很多,无法一一列举。正如有人把"慈动"称作慈溪工业系统的"黄埔军校",有"一百零八将"之说。

因此可以这样说,国营企业的发展是慈溪经济腾飞的第一环,乡镇企业的突起是慈溪经济腾飞的重要一环,民营企业的强大是慈溪经济腾飞的标志。

今天的慈溪已成为工业强市,在全国百强县中慈溪名列前茅,"国营老厂"的改制已基本完成,它们已成为历史的一页。这40年多的历史不算很长,但它

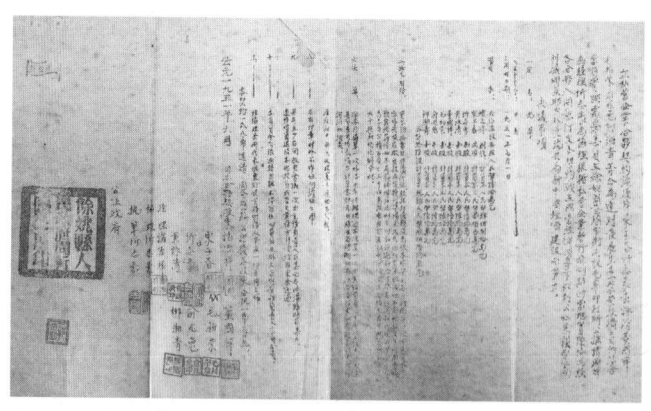

1951年的周巷光华印刷所合伙协议

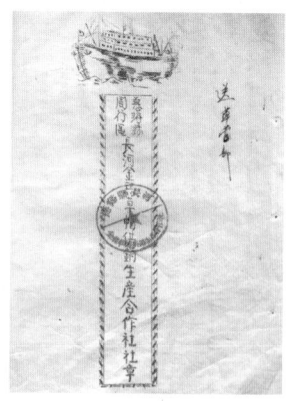

长河金丝草帽合作社社章

早年三北妇女们编金丝草帽

们的辉煌,它们在慈溪从产棉大县发展到工业强市中功劳是有目共睹的。它们的发展成长史是值得我们去回顾的。

下面我分四个时期简要回顾慈溪国营工厂的发展成长历史:

第一时期是1949年到1956年的国民经济恢复时期,其中最重要的事情是通过公私合营的形式,分行业进行社会主义改造。1956年底公私合营结束,为慈溪县国营工业基本格局的形成奠定了基础。

1949年以前的慈溪,工业制造能力非常薄弱。所谓的工业,其实只是碾米、酿酒、轧花、榨油和铁匠、木匠、船匠等一些农产品加工业和服务业。因此说慈溪的工业起始于农产品加工业。

民国34年(1945)8月,浙东抗日游击纵队投资稻谷10万斤联合经营周巷恒利油坊,部队北撤后该油坊渐衰。1949年5月慈溪解放,百废待兴,人民政府立即着手经济恢复工作。政府除直接出资组建立少数工厂外,又对与人民生活密切相关的私营工商业采取扶持、督促的手段,使其尽快恢复和扩大生产,以解决眼前人民生活之急需。1950年6月周巷恒利油坊由余姚县人民政府接管，改名为公营公利油坊，它是慈溪现境内最早的全民所有制工厂。

与此同时政府又着手对全域的私营业采用公私合营、多次归并、按行改组等方式进行改造。至1956年形成了如浒山公营农具铁工厂（慈溪动力机厂之前身）、慈北联营酿酒厂（慈溪酒厂之前身）、长河金丝草帽厂（慈溪金丝草帽厂之前身）、浒山印刷合作社（慈溪印刷厂之前身）、慈溪食品厂等几个稍大的厂家。这些工厂后来都成了慈溪国营工厂的主干。据1992版《慈溪县志》记载："1956年4月县工业专业公司成立，至年底，全县有全民所有制企业89家（其中包括公私合营企业67家），工业总产值3498万元。主要行业为粮油、棉花加工，食品酿造，印刷，农机，化工，草编等。"

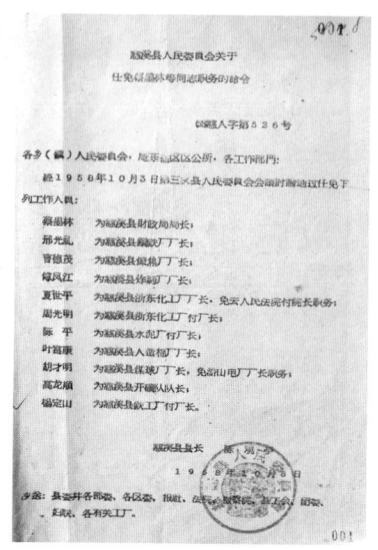

慈溪1958年大办国营厂时的任免文件

第二时期是1957年到1965年的"大跃进"和经济调整时期，这一时期中最大事件是"大办工业"和紧跟其后的经济调整。

1957年7月在匡堰筹建浙东化工厂（即浙东化工二厂的前身），为县首家地方国营企业。1958年在"大办工业"口号的感召下，以"大炼钢铁"为龙头，慈溪一下子办了很多工厂。其中包括浙东化工厂在庵东兴建了总厂（即浙东化工一厂的前身）和一批地方国营工厂，如慈溪炼钢厂、浒山钢铁厂、慈溪炼焦厂、慈溪酿酒厂、慈溪人造棉厂、慈溪陶器厂、慈溪电机厂、慈溪造纸厂、慈溪水泥厂、慈溪炸药厂、慈溪铁工厂、慈溪开矿公司等12家之多。不少地方在"一间草舍一口锅，操起铲子就开工"的热潮鼓动下，纷纷土法上马了一批小工厂，如庵东地区办了小化工厂49家。

显然，这一时期工业的发展出现了操之过急的冒进状况。除了上述新建的

慈溪八一耐火器材厂外景（1958年）

20世纪70年代的"慈动"大门

金丝草帽厂门口（1986 年）

12家地方国营工厂外，另有19个手工业社升格为地方国营工厂，使国营工厂个数急增至115个，产值为7661万元。

不久，由于"先天不足，后天失调"，这些新建的工厂多陷于困境，难以维持生产。

1961年开始，全面贯彻执行中央关于对国民经济实行"调整、巩固、充实、提高"的八字方针。慈溪依据"缩短战线，集中力量，保证重点"的精神，针对各企业的不同情况，分别采用关停、合并、复原、扶持的措施进行有效的调整。

在调整中关停了一部分盲目发展的工厂，如慈溪炼钢厂、慈溪陶器厂、慈溪造纸厂、慈溪炸药厂等企业。合并部分同业的工厂，如酿酒业中的一些工厂。对19个已升格为地方国营工厂的手工业社恢复集体所有制性质，还精简了不少工人。扶持效益较好的工厂，如重点扶持既能增加出口创汇又能解决群众生活困难的慈溪金丝草帽厂。

经过3年经济调整，至1963年剩下国营企业41家，总产值6313万元，虽然产值有所下降，但为以后国营企业的稳步发展创造了条件。

1964年3月，慈溪县"工交办"提出质量、盈利超先进，消灭"三类"企业、亏损企业和落后于本企业先进水平的产品的"二超、三消灭"的规划意见。结

慈溪酒厂的老厂房（2010年）

合这一规划的实施，各厂家掀起轰轰烈烈的技术革新运动，工人参与的热情高涨。各企业普遍完成和超额完成了当年生产计划。1965年，慈溪工业生产继续稳定发展，产值和利润增幅较高。

第三时期是1966年到1976年的"文化大革命"时期，这一时期中主题词是"企业有所滑坡但继续保持发展势态"。

1966年慈溪工业经济持续着良好势头：上半年浙东化工一厂、二厂的扩建工程相继复工；7月，县委决定在本县建立一家较大的慈溪棉纺织厂，并于11月立项筹建，选址在东埠东；12月慈溪农具机械厂（慈溪动力机厂前身）仿制的160F2柴油机获得成功，它揭开了本县现代农机生产的序幕，是年该厂产值达781.04万元、利润达122.67万元，分别比上年增长22.4%和38%。

1966年公私合营企业对私方（或称资方）停止支付定息，全部转为国营。我国社会主义"一化三改造"后的公私合营企业，从此退出历史舞台。同时又整顿了小型的粮油加工工厂，全县国营工业企业调减为37家。

1967年"文化大革命"浪潮开始波及慈溪。1968年到1970年部分企业的党、政领导机构瘫痪，工厂生产受到干扰，国营企业的产值和利润有所下降。但是慈溪县的工业部门仍好事连连：

1968年7月现境慈溪历史上首家自来水厂慈溪自来水厂筹建；同年12月慈溪农具机械厂的160F三马力柴油机试制成功；年底，经过3年建设的慈溪棉纺织厂试产成功。1970年，利用闲置的庵东电厂厂区建设慈溪农药厂，在浒山鸣山村兴建慈溪水泥厂。农药厂、水泥厂于1971年5月建成投产。1970年底在浒山东南郊开始筹建慈溪化肥厂。

1971年到1973年间，主要做了工业管理机构的调整和工厂的归口管理的整合。如1971年3月县工交局和县手工业局联合设立了"慈溪工业科技情报站"；11月工交局和手工业局合署办公成立慈溪县工业局，主管慈溪的工业；1973年初手工业管理部分又从工业局分离单列，工业局成了主管慈溪国营工业的主要部门。

在工厂归口管理整合的方面，1972年1月慈溪制药厂由商业系统划归工业局管理；7月慈溪机床厂建立；11月慈溪盐业公司及其下属的庵东机械厂也划归工业局管理。1973年6月浒山酒厂并入慈溪食品厂，合并后划归工业局管理，等等。

1974、1975年间，因"批林批孔"运动的波及，已趋正常的工作秩序再次受到干扰，生产又出现滑坡。

1976年形势又开始好转。这一年中，为增强草编制品的出口能力，在浒山筹建了慈溪县草编工艺美术公司；在浙江大学电机系的帮助下慈溪电器厂试制成功以165F柴油机为动力的FJF永磁式飞轮发电机；慈溪食品厂内的慈溪啤酒厂年产1000吨的车间建成投产；慈溪农药厂萎锈灵项目顺利投入生产，它填补了省内的生产空白；慈溪棉纺厂开始筹建扩容6000纱锭的生产项目；等等。

这里必须写入的是，"文化大革命"时期，不少县、市大搞武斗，很多企业罢工，有的甚至出现较大的武装斗争。而在慈溪却基本没有出现武斗和罢工，秩序基本正常。虽然企业生产出现了短期的滑坡，但不存在恶性情况。"文化大革命"中慈溪的工业总趋势仍保持着发展状态，为什么？

我想，慈溪人都明白自己的底子很薄，只有通过奋斗，才会给自己带来生机，动乱只会给百姓带来苦楚。慈溪人遇到灾害不会成群结队外出讨饭，面对贫乏从不伸着双手向政府"等、靠、要"。多年来慈溪人民养成了吃苦耐劳求富裕、心无旁骛搞实业的优良品质。这是值得总结和发扬的。

第四时期是1977年到20世纪末开始转制为止的"企业改革发展"时期，这一时期中主题词是"企业整顿、改革发展"。

1977年贯彻全国、省"工业学大庆"会议精神，制订学大庆规划，始着手恢复和建立企业岗位责任制、考勤制度、操作规程等各种规章制度。1978年各工厂全面恢复了奖励制度，有效地调动了工人的生产积极性。同年11月批准慈溪化肥厂、慈溪机床厂、慈溪食品厂、慈溪印刷厂、浙东化工一厂、浙东化工二厂成为首批设立集体所有制性质分厂的单位，国营工厂的死板的体制管理已开始松动。

1978年12月18日召开的党的十一届三中全会上，明确了经济工作成为全党工作的重点，慈溪国营工业开始进入改革和蓬勃发展的新阶段。

1978年全县有国营工业企业48家，总产值超亿元。1981年后各国营农场兴办附属工厂，其性质多为国营。据《慈溪县志》记载：1987年，全县有全民所有制工业企业54家（其中独立核算企业46家），工业总产值22087万元，年末职工总数11518人，固定资产原值13751万元。国营工业企业保持着良好发展。

在本时期，慈溪国营工业出现了以下六大亮点：

（1）全面开展企业整顿，建立健全企业各项管理制度。1979、1980年间，慈溪动力机厂和慈溪机床厂率先开展了企业12项基础工作整顿，拉开了慈溪国

在东埠头蒋家山西麓的慈溪棉纺织厂（1982年）

慈溪化肥厂碳化车间（1981 年）

慈溪农药厂（2009 年）

营工厂企业整顿的序幕。接着各厂陆续仿效，普遍建立和修订了以岗位责任制为中心的各项管理制度。1982 年为贯彻党中央、国务院关于对国营工业企业进行全面整顿的决定，慈溪成立了企业整顿领导小组和办公室，制订整顿的计划。1983 年 6 月慈溪棉纺织厂首家通过验收，整顿合格。经过历时近 2 年的整顿，先后有 22 家工厂验收合格。通过全面整顿慈溪国营工厂总体的管理素质得到了提高。

（2）调整产业结构，采用倾斜政策，重视轻纺工业的提升和名、特、优、新产品推出。1980 年 2 月开始筹建慈溪第二棉纺织厂。"慈二棉"的建设工程采取了边建设、边投产的方法。通过 1982 年、1985 年、1987 年 3 次大的扩建，到 1987 年底"慈二棉"已拥有 4.6 万枚纱锭，6200 头气流纺纱，720 台织布机，20 多个产品。1987 年"慈二棉"产值达 7863.16 万元，利润达 758 万元，产值和利润分别占慈溪工业系统总额的 41.35% 和 42.25%。"慈二棉"成了慈溪工业系统的顶梁柱。1983 年慈溪棉纺织厂（即"慈一棉"）建成 1000 头气流纺纱，当时它是省内第一家使用这种先进纺纱设备的。当时"慈二棉"加"慈一棉"成了慈溪工业系统的"半壁江山"。

在大力发展轻纺工业的同时，对名、特、优、新的产品也给予足够的重视。如筹集 6300 多万元资金用于这些产品生产的"技改"和基建，其中 50 万元以上的大项目就有 25 个。如："慈一棉"生产的三北牌 7 支、16 支气流纺纱和 14 支环锭纺纱，慈溪棉织厂生产的加云牌彩条被斜（一种被单布），慈溪密封材料厂生产的棱光牌膨胀石墨密封材料，慈溪动力机总厂生产的三环牌 165F、

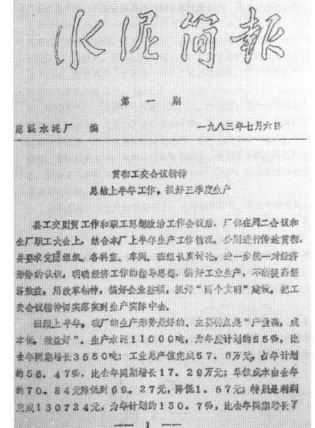 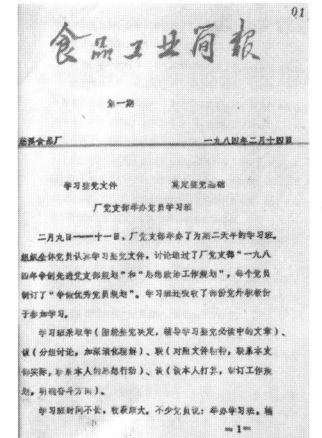 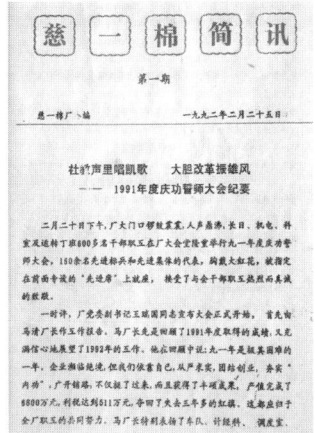

1983年7月慈溪水泥厂的《水泥简报》　　慈溪食品厂的《食品工业简报》　　1992年2月慈一棉出刊的《慈一棉简讯》第一期

Z170F小功率柴油机，慈溪拖拉机配件厂生产的龙涌牌485Q、485Q-A内燃机水泵，浙东化工一厂生产的"1211"灭火机，浙东透明纸厂（即浙东化工二厂）生产的闪光牌30克卷筒和平板透明玻璃纸，慈溪酒厂生产的四明山牌60度宁波大曲，慈溪金丝草帽厂生产的天坛牌金丝草帽等一批名、特、优、新的产品走向世界、享誉中国。

（3）大力发展横向经济联合，提高企业竞争能力。许多工厂开始冲破条条框框限制，与大专院校、科研院所和有关的一些大企业横向合作开发新产品。这一时期中大约开发了新产品20多个，如：慈溪密封材料厂与浙江大学联合研制的膨胀石墨密封材料，浙东化工一厂与浙江化工研究所研制的"1211"灭火机，慈溪高压开关厂与上海华通开关厂、湖南开关厂联合研制的电力电器开关设备，慈溪农药厂与贵州有机化工厂研究所研制的PVAC系列内墙涂料，慈溪化肥厂与化工部黎明化工研究所研制的六氟化硫，慈溪棉纺织厂与省化纤研究所、宁波振丰布厂研制的次兔毛、化纤混纺和棉毛混纺纱，慈溪农药厂与浙江工学院研制的巴比妥酸等等，都获得了较好的经济效益。

同时一些较大的工厂先后与相关单位组建生产联合体4个，其中影响较大的有1984年6月成立的浙江大学、慈溪密封材料联合开发公司及1987年10月筹建的浙江慈溪三环柴油机集团公司。

慈二棉内景（2008年）

坐落在浒山江东侧的慈溪机榨油厂新建的综合大楼（2011年）

在教场山后慈动扩建的铸工车间存房（2012年）

横向联合和生产联合体的建立大大提高了慈溪工业的竞争能力。

（4）重视科学技术，培养和扩大科技队伍，积极发挥科技人员的作用。1978年中央肯定了"科学技术就是生产力"，科技和科技人员得到应有的重视。慈溪各厂家开始注意通过各种形式吸收和培养科技人员：积极吸纳国家分配的人员；注重企业自己培养，包括外送定向深造、厂内教育培训；向外地、外单位物色人才并调入，增加科技人员的数量。同时各厂重视职工教育，通过多种形式的培训学习，普遍提高了职工的文化技术素养。

这一时期慈溪国营工业中的科技人员由百人增加至近400人，有近10个科研项目荣获了省级以上的科技成果奖，近80个项目获得了县、市级成果奖。

（5）推行多种形式的经济责任制，增强企业活力。1979年至1980年，在开展企业整顿的同时，普遍建立了岗位责任制和以产量、产品质量、能源消耗为主要考核指标的百分制等计奖办法，调动了工人的生产积极性。

1981年至1984年，慈溪棉织厂、慈溪水泥厂、慈溪食品厂、慈溪农药厂、慈溪棉纺厂、慈溪第二棉纺厂、慈溪动力机厂又先后试行了超定额计件工资制，进一步调动了工人的积极性。

1985年3月，慈溪动力机厂率先推行厂长负责制，此后实行厂长负责制的工厂逐渐增多，至1990前后慈溪的国营工业全部实行厂长负责制。这一制度改变了长期以来厂长由主管机关委派的方式，确立了厂长在企业生产经营活动中的中心地位，增强了厂长施展才干的活力。

在厂长负责制的推行过程中，1987年5月在慈溪拖拉机配件厂进行了全县首家国营企业租赁招标的试点，同年12月慈溪动力机厂也进行了招标选任厂长。经过投标、答辩、考评等环节，从投标人中择优遴选厂长。

笔者以为，我们可以把企业租赁招标的试点，看作是后来国营企业改制的前奏。

（6）较大地改善了企业职工福利。一般来说职工的福利大致包括工资福利和劳保福利两类。国营企业职工的福利待遇总体上高于其他所有制企业的职工。在工资福利中又由基本工资和奖金、计件工资、岗位工资等两块构成。

在基本工资方面，本时期增资的次数多于以前的三个时期。如1979年11月对前一年底参加工作的全民所有制固定工增资，升级面超过40%；1980对企业中的偏低工资作了调整，做到"补齐"；1983年采用调与改相结合的措施和增资进行"两挂钩"的方针，即增资同企业经济效益的好坏挂钩，同职工个人劳动成果的大小挂钩，再次调整工资；1985年开始试行国营企业工资总额与企业经济效益挂钩浮动的办法，即随企业上缴税利增长，工资总额也上浮；1986年进行了工资改革，其中如慈溪由四类地区升为五类地区而增资，工人按八级十五档、企业干部分十五级新标准套改而增资等等，使职工的工资普遍有所提高。

在奖金、计件工资、岗位工资等方面，1978年企业逐步恢复和建立奖金制度，当时每一工人每月的奖金多在5—10元之间。1979年8月以后，根据企业完成指标的情况，按企业建奖职工的月标准工资总额，一定比例地提取奖金；1980国营企业的经常性奖励制度基本恢复和建立。此外还有如1981年部分企业试行的"节能奖"，1984的验收合格奖，1985年的超利润奖等等非经常性的奖励。

早在1957年计件工资已在部分国营工厂实行过，后停止。1978年后逐步恢复；1984年后在很多工厂陆续实行。

1985年棉纺织企业中的纺织岗位实行岗位工资，这样纺织岗位的工人工资有了较大的提高。

在劳保福利上，职工除了享受公费医疗，工人工伤病假工资照发，丧葬抚恤，节假日休假，职工劳动保护，退休退职等通常的待遇外，本时期最显著的进步是：

职工文体教育的活动和设施明显改善，职工住宅的营建步伐加快。如20世纪70年代起，有条件的工厂开始修建篮球场、文体活动室、图书室等，同时配置文体器材，经常组织多种比赛，节假日常举行文艺演出等等。80年代"慈一棉""慈二棉"还建造了舞厅、俱乐部等；不少厂兴办职工业余教育，提高了职工的学历，丰富了职工的业余生活。棉纺、化工、机械业中的十几家工厂里还办了幼儿园、托儿所，配备了幼儿教师，解决了职工的后顾之忧。国营工厂的企业文化在工业企业中也总是领先一筹。特别是"慈二棉"的文学青年群体和"慈动"、慈溪农机修造厂的篮球队等，都不同凡响。

1978年以前慈溪一些工厂仅有少量简陋的职工集体宿舍。1978年以后，各工厂努力采用公建、职工个人集资建造、向社会购买商品房等多种方式大力发展职工住宅。到20世纪末，慈溪的国营工业企业中绝大多数工厂都有宿舍和住宅。尽管现在城区已作了大规模拆迁和改造，但仍有一些工厂留下的职工住宅在发挥作用。

本时期内，慈溪密封材料厂分别于1984年6月与浙江大学联合成立开发公司、1986年5月与上海内燃机研究所联合研制并结出硕果；1987年10月慈溪三环柴油机集团公司的成立，是慈溪国营工厂走上顶峰的标志。

尾声：

1997年慈溪的国营工厂开始改制，2005年基本结束，到2019年，仅2个工厂的扫尾工作尚待完成。慈溪国营工厂由此完成历史使命。由于笔者对慈溪国营工厂的改制过程缺乏了解，本书对改制的记叙从略。

（注：以上"四个时期回顾"的主要数据，摘自慈溪县工业公司编，1991年8月成书的《慈溪县国营工业志》）

中篇／慈溪各国营工厂简志

慈溪县(市)国营工厂名录

企业名称	地　址	建厂年月	职工人数（个）	占地/建筑面积（万平方米）	主要产品	产值（万元）	固定资产原值/净值（万元）	税利总额（万元）	归属系统
周巷油厂	周巷大通路	1821	—	—	棉、菜油加工	—	—	—	粮食
慈溪面粉厂	浒山糖坊弄	1937	80	0.92/0.75	面粉	639	144/	40	粮食
慈溪天元酒厂	天元东街	1939.3	174	1.57/0.99	黄酒、白酒等	378.34	116.1/85.1	121.6	工业
慈溪动力机厂	浒山西门	1951.4	704	4.66/3.03	柴油机等	1510.7	561.6/336.3	246.9	工业
慈溪酒厂	鸣鹤	1953.1	232	2.12/1.42	宁波大曲等	419.4	169.3/138.5	151.6	工业
慈溪印刷厂	浒山南门	1953.8	156	0.60/0.33	印刷品	156.1	86.4/63.6	30.1	工业
慈溪金丝草帽厂	长河东街	1954.3	186	0.61/0.35	草帽、草制品	790.17	90.7/63.9	87.3	工业
慈溪水利机械厂	横河	1954.11	—	—	—	—	—	—	水利
横河米厂	横河上六房	1955.4	77	1.11/0.54	稻谷加工	187	49.64/	6.47	粮食
慈溪食品厂	浒山小茶亭	1956.1	417	3.72/2.42	酒类、茶食等	862.22	696.1/568.9	277.6	工业
慈溪拖拉机配件厂	师桥	1956.3	129	1.00/0.93	拖内配件等	102.99	92.8/54.4	20.4	工业
慈溪县良棉轧花厂	长河	1956.6	50	/0.67	棉花良种加工	约500	56.8/	—	农业
浙东化工二厂	匡堰	1957.7	115	2.27/1.12	糠醛、醋酸钠	21.21	53.4/17.9	17.9	工业
浙东透明纸厂	匡堰	1983.1	357	1.19/0.75	玻璃纸	506.33	521.9/416.9	—	工业
慈溪电器厂	观城南门	1957.11	97	0.40/0.26	发电机等	184.34	41.5/24.5	17.4	工业
浙东化工一厂	庵东镇北	1958.4	281	4.62/1.61	氢氧化钾等	629.69	397.7/253.7	157.0	工业
慈溪棉织厂	浒山南门	1958.5	455	0.86/0.63	棉布	455.99	162.3/112.1	53.9	工业
慈溪机榨油厂	浒山剑山路	1958.6	130	3.28/0.92	棉油、菜油加工	779.35	231.7	75.36	粮食
慈溪煤制品厂	浒山糖坊弄	1958.11	56	0.67/0.20	煤球、煤饼	—	—	—	物资
慈溪棉纺织厂（一棉）	东埠头	1966.8	1437	3.66/3.54	棉纱、棉线	2579.7	1586.6/1241.7	359.9	工业

企业名称	地址	建厂年月	职工人数（个）	占地/建筑面积（万平方米）	主要产品	产值（万元）	固定资产原值/净值（万元）	税利总额（万元）	归属系统
慈溪自来水厂	七房池北	1968.10	131	-	自来水				建设
慈溪第二自来水厂	浒山城西	1984.6	62	-	自来水				卫生
慈溪制药厂	教场山西	1969.12	-	-	药品				医药
慈溪砖瓦厂	石湫头	1970.8	287	5.90/	红砖				建设
慈溪农药厂	庵东镇北	1970.10	250	2.20/0.90	磺草灵	124.61	143.4/91.4	25.5	工业
慈溪水泥厂	浒山鸣山	1970.12	321	9.46/1.49	水泥	259.34	447.4/322.5	100.6	工业
慈溪化肥厂	浒山金山	1970.12	562	4.12/2.35	合成氨	533.57	792.4/523.9	26.2	工业
慈溪机床厂	浒山教场山	1972.7	288	1.02/0.84	车床、立式钻床	207.67	186.8/129.6	20.2	工业
慈溪农机修造厂	浒山镇北	1977.3	251	1.03/0.87	电扇、风谷机	773.43	155.6/104.7	51.3	工业
慈溪密封材料厂	白沙镇南	1977.5	450	2.16/1.20	膨胀石墨、垫片	1818.51	421.2/355.8	216.3	工业
慈溪农业微生物厂	教场山西	1978	-	-	杀虫剂、麸酸	-	-	-	
慈溪第二棉纺织厂	浒山剑山路	1980.2	3094	14.67/-					
慈溪高压开关厂	庵东镇北	1983.6	165	0.74/0.46	断路器、高压柜等	166.56	92.5/60.0		工业
慈溪周巷饲料厂	周巷镇	-	71	-	混合饲料	360.86	94.92/	15.44	粮食
浒山饲料厂	浒山剑山路	1986	43	0.67/0.20	混合饲料	285	88/	20	粮食
慈溪工艺品厂	长河方东	1985.2	104	0.47/0.26	草帽、草制品	432.53	63.0/53.0	48.8	工业
慈溪热电厂	浒山前应路	1989.8	209	-	蒸汽、火电	-	-	-	工业
观城油厂	观城义桥	不祥	约110	不祥	棉、菜油加工	不祥	不祥	不祥	粮食

注：1. 数据采集以1987年为主。
   2. 排列顺序基本以建厂年月为先后。

慈溪各国营工厂的逐个记录

1. 周巷油厂 它前身是周巷恒利油坊。据《周巷镇志》载：清道光元年（1821），绅商徐书云在埋沟桥东侧河畔创办恒利油坊。民国34年（1945）8月，浙东游击纵队第五支队北撤前，在恒利油坊存放稻谷10万斤，以备回收抗币时兑换之用及革命活动经费。中华人民共和国成立后，厂长徐幼珊因无力还10万斤稻谷而将工厂资产勉强相抵所负稻谷之款。于是，1950年6月，余姚县人民政府指派蒋洪泉、周吉初两名军代表接管此厂（包括朗霞分厂），改名为周巷公营公利油厂。它是余姚县第一家地方国营工厂。1962年源丰油坊并入公利油厂后，改名周巷油厂。1997年，周巷油厂转为股份制合作企业，改名为周巷油脂有限公司。

2. 慈溪面粉厂 该厂前身是创办于1937年的浒山大来米厂。大来米厂的位置早年在浒山南门329国道南侧（后来是慈溪水产公司的位置，现在是"时间仓"）。

慈溪市粮食局、面粉厂部分干部和职工在老厂区门口留影（1986年）

1956年大来、浒山、（北门）茂夏祥（音）3家米厂合并成浒山米厂，地点在沈府巷东侧的沈家祠堂内。浒山米厂1961年冠名为慈溪第一米厂，1968年米厂内建成面粉厂（车间），1972年正式改称慈溪面粉厂（碾米车间并入白沙米厂），厂址不变，即糖坊弄84号。慈溪面粉厂主要负责人先后有徐灿林、陈翼然、叶炜等。

慈溪面粉厂年产优质面粉超万吨，产品供不应求。1993年慈溪面粉厂扩容，在现在的开发大道南侧、海关路西侧、浒山江东侧征地新建厂房。1996年慈溪面粉厂与港商合资经营，厂名改称为慈嵘食品有限公司（属中外合资）。同年厂房又跨浒山江向西扩建，产能达到年产7万吨（该扩建部分现已开发为香榭住宅小区）。2012年慈嵘食品有限公司歇业，慈溪面粉厂又从中分离出来，不久转制。

慈溪面粉厂主要负责人合影，中为书记徐灿林，右为厂长叶炜，左为副厂长华恒川（1984年）

海关路135号原慈溪面粉厂扩建后的新厂区（2013年）

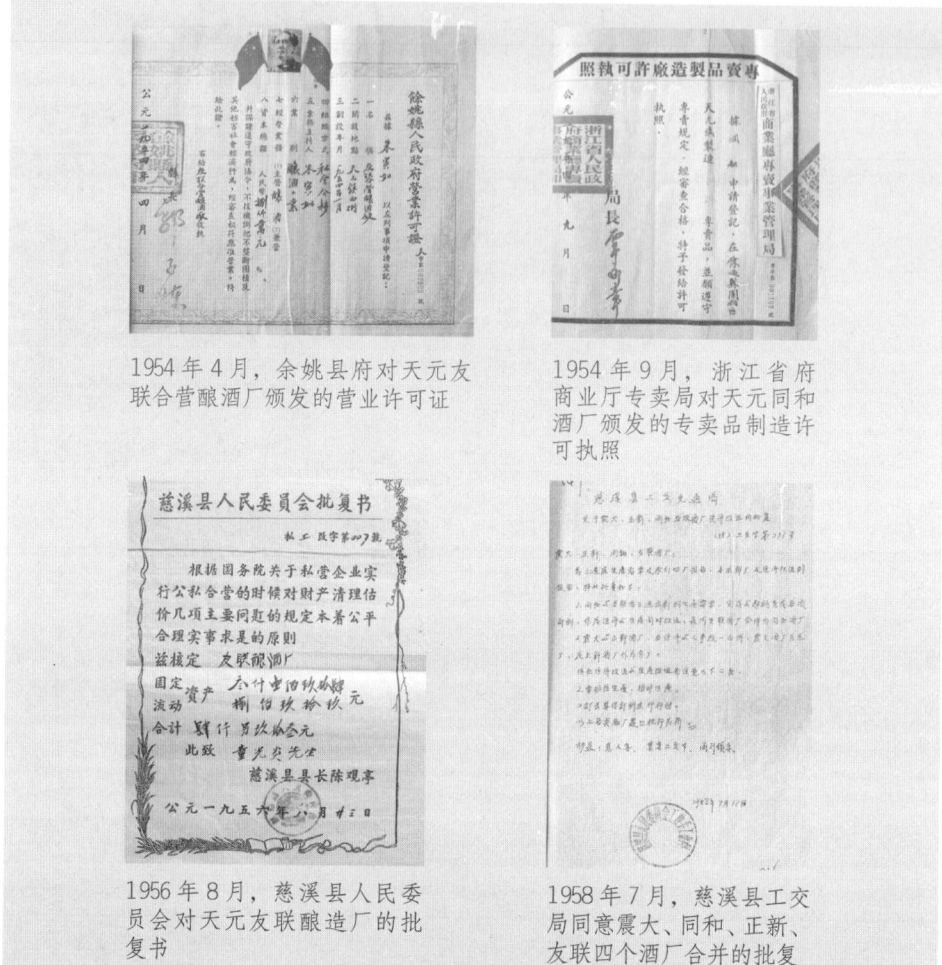

1954年4月,余姚县府对天元友联合营酿酒厂颁发的营业许可证

1954年9月,浙江省府商业厅专卖局对天元同和酒厂颁发的专卖品制造许可执照

1956年8月,慈溪县人民委员会对天元友联酿造厂的批复书

1958年7月,慈溪县工交局同意震大、同和、正新、友联四个酒厂合并的批复

3. 慈溪天元酒厂 最早的前身可追溯到1939年张贞煊开办的三和木行。1950年3月陈元卿接办后改名为同和木行。1952年3月兼营酿酒,10月改称同和酒坊。1956年3月实行公私合营。在1958年到1962年间先后有长河友联酒厂、周巷震大酒厂和正新酒厂归并。1967年1月定名为慈溪天元酒厂。

慈溪天元酒厂以生产黄酒为主,兼产白酒和汽水等。其黄酒以酒色橙黄透明、清澈有光泽、口味醇香柔爽而著称,在宁波、舟山片的历次评比中均名列前茅,深受消费者喜爱。该厂用纯蜂蜜酿制的"苏轼蜜酒",营养成分齐全,酒体组成融合,堪称黄酒中之瑰宝,1985年荣获宁波、浙江省轻纺工业优秀"四新"

20世纪70年代末的天元酒厂(同和酒坊)

天元酒厂早已拆除,唯剩几只缸甏(2015年)

产品奖。

天元酒厂厂长先后由陈元卿、周祥康、巩献锦、周志林等担任。

4. 慈溪动力机厂 将在下篇"慈溪部分重要国营工厂分篇记叙"中详写,在此从略。

5. 慈溪酒厂 将在下篇"慈溪部分重要国营工厂分篇记叙"中详写,在此从略。

6. 慈溪印刷厂 将在下篇"慈溪部分重要国营工厂分篇记叙"中详写,在此从略。

7. 慈溪金丝草帽厂 将在下篇"慈溪部分重要国营工厂分篇记叙"中详写,在此从略。

8. 慈溪水利机械厂 寻根问底要追溯到早年的横河抽水机站。据《横河镇志》载,1954年11月,筹建余姚县第一个国营抽水机站——横河抽水机站。1955年4月竣工,站址在龙南乡孙家境村西河东新庙,全站设6个机埠,1只机船,有职工19人,站房1座,机房6座等。此后各乡机灌迅速发展。20世纪60年代初农业灌溉基本实现机械化。1972年抽水机站所属各机埠、机船都下放或出售给社队,站名改为地方国营横河机电站,设农机具修理车间,负责全区农机具维修保养。1974年10月机电站从龙南迁至横河洋山岗,由管理型转变为生产经营型,主要生产泥浆泵和挂桨机。1979年慈余行政区域变更后,该站改名为慈溪县水利机械厂,厂长姓名待考。

据《慈溪水利志》:"慈溪水利机械厂……后因管理不善,企业亏损,县政府决定1984年由动力机厂接管。"

9. 横河米厂 据《横河镇志》记载:1955年4月,余姚县粮食局为调整地区之间的粮食加工能力,将余姚城区的胜笙米厂迁至横河上六房。1956年2月粮食系统全行业公私合营后，横河区以胜笙米厂为总厂，木禾米厂为一车间，义声米厂为二车间，埋马四友米厂为三车间。1957年6月改组为余姚县横河粮食加工中心厂。1958年11月同彭桥粮食加工厂合并并取名为国营余姚第四米厂，但仍习称"横河米厂"。

横河米厂以加工稻谷为主，1967年开始专门加工居民的供应粮。1974年开始综合生产，加工榨糠油，制造白酒（糠烧）、植酸钙等。1979年9月余姚、慈溪两县调整行政区划，余姚的横河区归慈溪县管辖，慈溪的泗门区划给余姚县。1984年横河米厂新建粉丝车间，到1987年止累计生产粉丝88吨。1987年已发展到9个车间，产糠油153吨、植酸钙1090吨、白酒283吨，创利润18万余元。

1992年横河米厂归并到横河粮管所，随着粮食体制的改革而歇业。

1973年县工业局要求将浒山酒厂拆并给慈溪食品厂的报告

10. 慈溪食品厂 筹建于1956年1月，地点在浒山镇小茶亭后侧。同年9月建成投产，同时浒山南货茶食店的作坊并入，时属县供销社系统。1960年1月

20世纪60年代，浒山西侧的大古塘。塘上房子为原慈溪食品厂的前身

1965年，慈溪食品厂冷冻设备建成留影　　1989年慈溪食品厂能手杯技术操作比赛

浒山酱厂也并入。1973年6月浒山酒厂为礼让慈溪化肥厂选址之需从金山附近（上担山）迁至小茶亭，与时属商业系统的慈溪食品厂合并，合并后划归工业系统管理。

浒山酒厂建于1958年11月，1959年8月和1963年11月庵东酒厂和新浦酒厂先后并入浒山酒厂。

慈溪食品厂主要生产黄酒、白酒、啤酒、酱油、茶食、糖果、饼干、棒冰、汽水、饮料等，生产品种较多。1976年慈溪食品厂内的啤酒车间建成投产。1980年7月慈溪食品厂边上另挂"慈溪啤酒厂"牌子。慈溪啤酒厂生产的啤酒有"三北""银花""保健"3种牌号，年产万吨。

劳开宝、陆成根、白庆顺、赵兴和、黄福乾、乔泉山、许茂煊等同志曾先后担任过慈溪食品厂领导。

11. 慈溪拖拉机配件厂　它的前身是建于1956年3月、地址在岐山乡（五洞闸）资西寺的慈溪农业机器拖拉机站。1959年10月改名为慈溪拖拉机总站，下属有7个分站。

笔者认为，该厂为何设到岐山乡，这与当年"一化三改造"后五洞闸率先成为社会主义的农庄有关。1956年慈溪现境内第一台拖拉机开进了五洞闸农

1956年五洞闸农庄第一台拖拉机进村

庄。在紧接着1958年的"公社化"时期，五洞闸又带头成为著名的大公社，急于实现农业机械化，而拖拉机是农业机械化的典型设备，就这样在五洞闸设立了拖拉机站。

1960年10月慈溪拖拉机总站与县农机局的机灌股合并，迁址到浒山镇教场山边。1963年3月分站撤销，改称为慈溪拖拉机站，又迁址到师桥镇的329国道南侧，6月再迁址到329国道北侧与五洞闸毗邻处至终。1969年9月站属的拖拉机下放给各公社管理，11月更名为慈溪拖拉机配件厂，并划归工业系统管理。

1969年以前它主要从事拖拉机耕作业务，兼管维修。1970年以后，它以生产机械产品为主，兼管全县拖拉机修配业务。它先后开发了拖拉机水泵、小型手扶拖拉机以及铣床、车床等产品。历任厂长有何惠卿、唐中清、毛节标、严忠耀、尹行林、柳国良、华祥尧、张春法等人。

12. 慈溪县良棉轧花厂　据《慈溪农业志》载：为实现棉花生产良种化，保证棉花良种加工纯度，1956年初，浙江省农业厅决定在慈溪县长河镇投资筹建良种棉花轧花厂,并于1957年6月基本竣工,9月正式投产。1960年8月该厂划归商业局管理,后并入供销社系统,改名为慈溪县长河棉花加工厂。1979年农业部确定慈溪为全国棉花种子"四化一供"试点县,因此该棉花加工厂仍划归为县农林局管理,并恢复慈溪县良棉轧花厂原称。到1987年底该厂有固定资产56.80万元,职工50人,房屋6647平方米。

良棉轧花厂除了完成良种棉花加工外,还担负着长河、庵东两区的商品棉加工任务。建厂至1987年底,共加工皮棉67421.2吨,剥短绒6604.4吨,创产值14692.1万元。历任厂长是刘宝成、宋长庆、陈志凡、楼章庆、徐定候、许怀金、熊志焕等。

13. 浙东化工二厂(附浙东透明纸厂) 筹建于1957年7月,意在为更好利用本县丰富的盐卤资源。厂址选在匡堰乡,其东临游泾江、北靠东横河。筹建时计划投资15万元,预定年产氯化钾200吨,定名为浙东化工厂。同年11月26日破土动工,后又有上虞志成化工厂迁入。据称该厂时为宁波专区规模最大的化工厂。

浙化二厂全景(1994年)

浙化二厂内的透明纸厂（1994年）

浙化二厂废水处理池（1994年）

浙化二厂化验室（1994年）

浙化二厂生产的透明纸（1994年）

1958年在庵东兴建浙东化工厂总厂后，该厂称为浙东化工厂匡堰分厂，不久改为浙东化工二厂。当时其生产碳酸镁、醋酸钠等。

浙东透明纸厂在同厂内，筹建于1983年1月。至1987年6月总投资为210万元的第三条生产线建成，透明纸（玻璃纸）年生产能力达到900吨，同年12月"闪光牌"玻璃纸荣获浙江省优质产品证书。

浙东化工二厂和浙东透明纸厂为"两块牌子，一套班子"。历任厂长有周光明、夏世平、沈国强、熊英、王东耀、张昌耀、叶富康、许汉权、李延耕等。

14. 慈溪电器厂 本厂是由1957年11月成立的"公私合营观城船埠"发展演化而成，厂址在观城（现观海卫）南门。

"船埠"从字面上讲，是指停靠船只以及供客货上下之地，它只是个船码头，不是一种行业或企业。后经笔者考证，它是与船业有关的一种企业之俗称。它的全称应是"五洞闸人民公社供销部船业修赏制造厂"。1957年整个观城区都属五洞闸人民公社管辖。从全称上可理解，它既修船、赏船又制造船，且归属供销社系统。

1960年2月它改名为观城船厂，并从供销社系统划入工业系统。自1973年开始，它逐步从简易的木船制造，转向农用和家用电器的开发生产。后在浙江大学等有关单位帮助下在十几年中先后开发生产了电动机、飞轮发电机、调光变压机、台式电风扇、微型电机、家用换气扇等产品。其中特别是与柴油机配

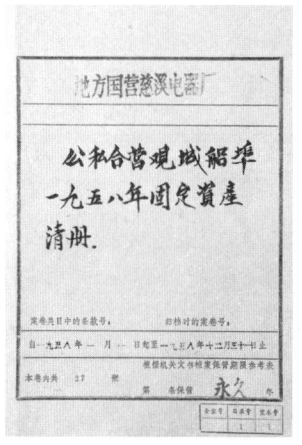

1958年观城船埠固定资产清册档案

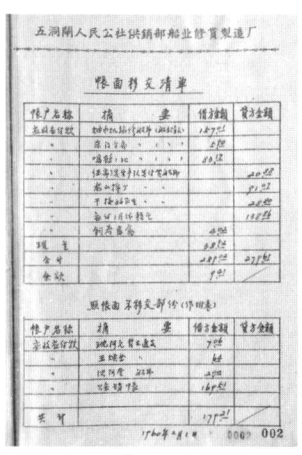

1960年五洞闸人民公社供销部船业修赏制造厂账面移交清单

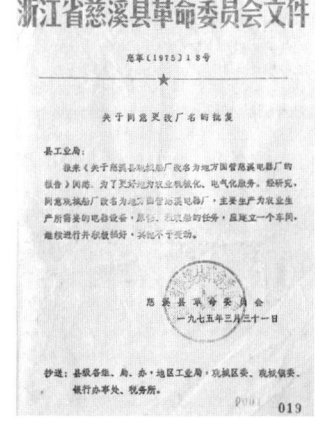

1975年慈溪县革委会同意将观城船厂改名为慈溪电器厂的批复

套的飞轮发电机组分别荣获"省优""部优"称号和国家银质奖。历任厂长为陈钊良、袁涨潮、华祥尧、胡忠仁、钱志灿等。

15. 浙东化工一厂 前身为筹建于1958年4月的浙东化工总厂。1958年6月庵东东二的三合化工厂，1959年4月庵东硫酸厂先后并入该厂。1960年浙东化工厂匡堰分厂改为浙东化工二厂后，其改称为浙东化工一厂。1962年4月由庵东公社经营的浙东盐化厂也归入该厂。

浙东化工一厂是生产各种盐化产品的综合化工厂，产品有氯化钾、溴素、

1984年浙化一厂工会主办的《浙化工人》创刊号

浙化一厂生产的"1211"灭火剂、氢氧化钾及氯烃70

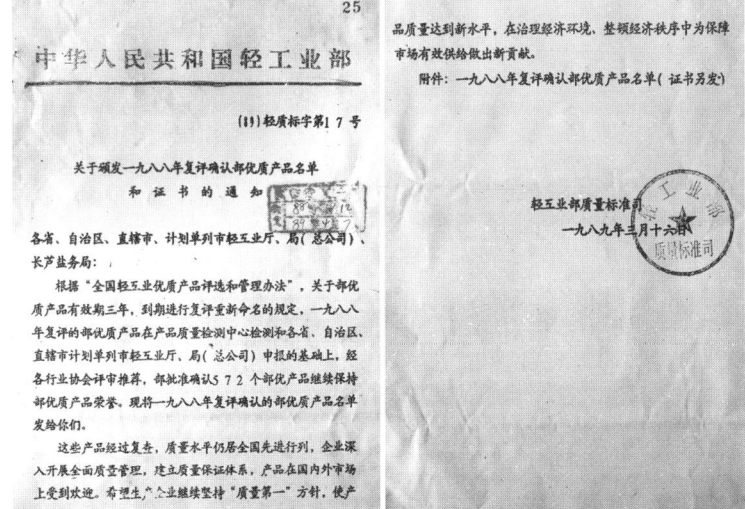

浙化一厂浙东牌1211灭火剂,荣获国家轻工业部部优产品称号的文件

氯化镁、芒硝、烧碱等。其中氯化钾于1981年荣获"省优"称号。由于庵东盐场的海水渐渐淡化,该厂产品也开始转向,1979年在浙江省化工研究所的帮助下,成功试制"1211"灭火剂,后来几经扩产改造其灭火剂的产能,产量跃居全国第二。

浙东化工一厂时位于庵东汽车站北侧,其历任厂长是夏世平、周光明、傅凤刚、张昌耀、朱成学、周锡培、张桂生等等。

浒山"南门头"（329 国道上）的慈溪棉织厂（1984 年）

16. 慈溪棉织厂 前身为1958年5月在"大跃进"背景下筹建的慈溪人造棉厂，是年8月1日投产。1958年7月有浒山镇手工业针织生产合作社并入，1959年1月有慈溪炼焦厂并入，1959年7月有周巷家庭针织厂并入。1959年6月改名为慈溪棉织厂。是慈溪

慈溪棉织厂生产的斜纹彩条被斜布，是省优产品

现境内最早建立的国营棉纺织企业。1960年9月慈溪废品加工厂的纺织梳棉车间划归慈溪棉织厂。1962年7月改名为慈溪废品综合加工厂。1964年4月复名慈溪棉织厂至终。

慈溪棉织厂先后生产过人造棉、帆布、纯棉被单布、透凉罗、毛巾、民用纱线、手套等。其中彩条被斜布为主要和驰名产品，在宁波地区的城乡市场上它覆盖率超过50%。1987年"加云牌"彩条被斜布被评为"部优"产品。

慈溪棉织厂厂长汪祖耀（1984年）

1987年该厂色织棉布首次进入国际市场，出口值为117万元。慈溪棉织厂时位于浒山镇环城南路53号，其先后之厂长是叶富康、苗吉田、千剑秋、许仲达、汪祖耀等。

17. 慈溪机榨油厂　将在下篇"慈溪部分重要国营工厂分篇记叙"中详写，在此从略。

18. 慈溪煤制品厂（曾称浒山煤球厂）　浒山煤球厂创办于1958年11月，厂址在浒山糖坊弄117号，主要是为了解决浒山等地城镇居民的生活燃料。慈溪城区（原浒山镇）居民生活燃料的升级，至今已经历了5个阶段：柴火—煤球—煤饼(蜂窝煤)—罐装煤气—管道天然气。其中煤球已基本绝迹，煤饼在城区也越来越少见。1981年厂名由浒山煤球厂改称为慈溪煤制品厂，就是顺应了这一发展。

20世纪60年代，煤球厂厂长叶建华为宝兴弄1号胡绍芬老人上门送煤饼

改称后几乎所有百姓仍惯称其"煤球厂"，而且直至2018年城里仍无人不晓此厂。当年浒山

原煤球厂厂长叶建华近照（2018年）

慈溪煤制品厂1988年评上省一类煤制品厂时全省代表留影（局部）

原慈溪煤制品厂部分职工留影（1999年）

煤球厂与粮站一样，是与平民百姓关系最密切的工厂，那时人们必须拿着每月定发的煤球票到煤球厂排队购煤球，抬的抬，挑的挑，拉的拉。这是人们最基本的生活资料之一。虽然在西街、东街有2家陶山店代售煤球，但人们为减少煤球的破碎，还是惯于上煤球厂直接购买。用现在的话说这就是，厂店合一、产销直接。

慈溪煤制品厂归属于物资系统。1985年度被评为省级文明工厂，1988年升级为省级一类煤制品厂。厂长先后由叶建华等担任。

在慈一棉楼坪上。左起团县委副书记徐明珠、县工业局组导股长陈积如、慈一棉厂长书记李坚、车间主任罗四维、王秀英（1980年）

慈一棉领导向参观者介绍生产情况（1980年）

19. 慈溪棉纺织厂（即慈溪第一棉纺织厂） 该厂于1966年8月开始筹建，11月10日成立筹建处。1969年12月18日试产成功。1970年元旦正式投产，同年6月撤销筹建处，定名为慈溪棉纺织厂。1986年12月改名为慈溪第一棉纺织厂，后习称"慈一棉"。另有1978年建的集体所有制分厂和1985年建的联营企业各一家。

该厂始建时规模为10000纱锭，1983年扩建气流纺纱，时为省内首家。几经扩建后生产能力达到16000纱锭，2000拈线锭，3800头气流纺。

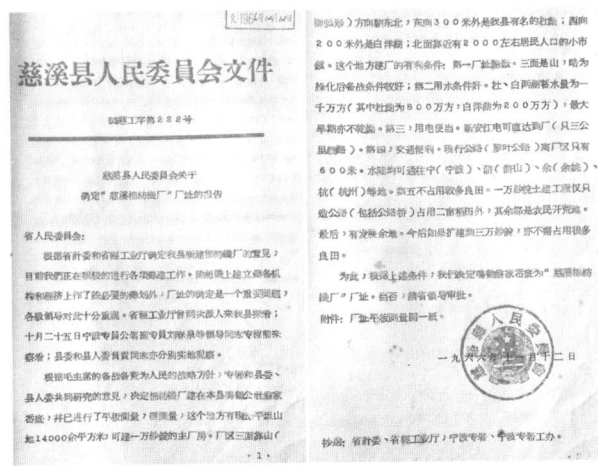

1966年11月，慈溪县人民委员会确定"慈一棉"厂址的报告

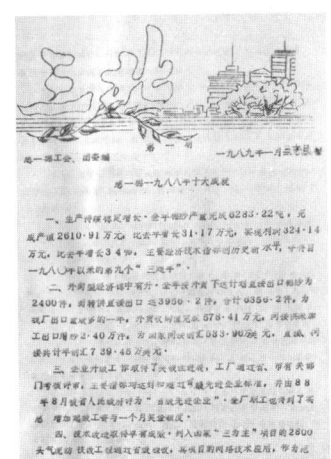

1989年1月慈一棉工会、团委编印的《三北》

原慈一棉厂区内剩下的一棵樟树，厂区现成沙石场（2019年）　　原慈一棉厂区门卫房（2019年）

该厂经济效益显著，投产 2 年就收回了建厂的全部投资。至 1987 年底，产棉纱 5.51 万吨，实现产值 23223.72 万元，创利税 4536.20 万元。1983 年后气流纺纱主供出口，行销港澳和西欧，1987 年创汇达 250 万美元。

慈溪棉纺织厂 1977 年来年年被评为县级以上先进单位，其中宁波以上的先进共有 6 次。企业历任主要领导有孙宗凯、王祥麟、李坚、张春魁、冯德传、童坚锋等。

20. 慈溪县自来水厂（附慈溪县第二自来水厂）　笔者根据《慈溪市建设志》的记载而整理：. 1968 年 10 月成立地方国营慈溪县浒山水厂筹建处，隶属于县革命委员会生产指挥组，办公地点设在县革命委员会内（即县政府内）。1969 年 7 月正式投产，同年 10 月办公场所迁至七房池北侧的原县工会用房内。1970 年 1 月改名为慈溪县自来水厂革命委员会，隶属县工业局；同年 9 月搬入西侧的"小山脚下"古城隍庙道地搭建的水厂厂房（现虎屿公园）。

曾为慈溪自来水厂主要领导的赵金伏年高 93，早年是位身经百战的军人（2016 年）

由于 7 年前水厂投产时取自白沙界堰路的 2 口深井之水，但实际开采量始终不足，于是 1976 年改取大塘河（北城河）之水并在虎屿山上（小山墩）营建水塔和水池等设施，山下兴建办公室、检修仓库、宿舍等用房。同年 10

建在小山墩上的慈溪水厂水塔和储水池等（1983年）

月改名为地方国营慈溪县自来水厂。1978年6月水厂隶属县计委基建办公室。1985年4月成立慈溪县管道安装公司，与水厂"两块牌子，一套班子"。同年12月县管道安装公司与水厂脱钩，实行独立核算。

慈溪县自来水厂历任主要负责人有赵金伏、王继信、孙炳煊、王康才、张立敏、严洪昌等。

1984年6月慈溪县第二自来水厂筹建处成立，地点在浒山城西，1988年水厂建成，为全民企业，隶属县卫生局。主要负责人有任国强、陆青山、张继荣、陈启光等。

1994年6月慈溪县自来水厂、慈溪县第二自来水厂合并，成立慈溪市自来水总公司，隶属建设系统。

21. **慈溪制药厂** 建立于1969年12月，厂址位于教场山路84号，主要生产大输液、软膏等。1972年1月慈溪制药厂由商业系统划归工业系统管理，

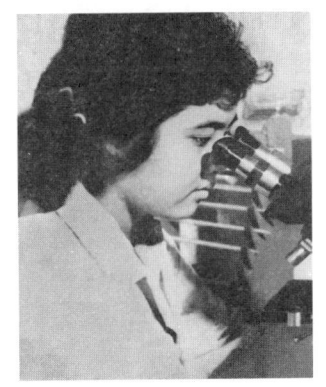

慈溪制药厂化验员郑红在一丝不苟地测试

慈溪制药厂大门（1982年）

1974年迁并入浙东化工二厂。1984年划属医药公司，后有农业微生物厂划入。1985年再度迁至浒山。

22. 慈溪砖瓦厂 据《慈溪市建设志》载：该厂筹建于1970年8月，厂址在宓家埭石湫头。1972年正式投产，主要产品为红砖。后属县城乡建设局主管。该厂内设挖泥、机房、手工坯、轮窑、成品、机修6个车间。先后有罗建安、岑春林、董岳明、李学君、王国强等主要负责人。1997年破产。

原慈溪砖厂老景（2000年）

23. 慈溪农药厂 筹建于1970

慈溪农药厂厂长章启愚（中）和厂化验员章启愚妻毛国锦（左）、化验员林晓雷在厂内留影

原慈溪农药厂的大门

慈溪农药厂萎锈灵车间反应塔

慈溪农药厂主厂区（此5幅照片摄于2018年）

慈溪农药厂的高烟囱

慈溪农药厂萎锈灵车间反应塔

年10月，位于庵东原汽车站北侧的直街32号，厂址利用了闲置的庵东电厂厂区。1971年5月定名为慈溪农药厂。先后开发生产过固体二二三乳剂、亚胺硫磷乳剂、内吸性萎锈灵乳剂、甲胺磷等农药。1985年6月慈溪县九届人大会议通过决议决定停止剧毒农药的生产。该厂开始发展精细化工产品，同时另挂"慈溪浙东精细化工厂"的牌子。

1987年7月从浙江化工学院引进巴比妥酸小试技术，10月建成年产40吨巴比妥酸中间试验车间。后来主要

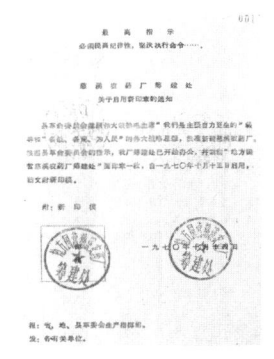
1970年10月慈溪农药厂筹建处启用新印章的通知

生产磺草灵除草剂和聚醋酸乙烯涂料等。历任厂长有王继信、徐定候、俞春荣、赏纪洲、章启愚等。

24. 慈溪水泥厂 将在下篇"慈溪部分重要国营工厂分篇记叙"中详写，在此从略。

25. 慈溪化肥厂 将在下篇"慈溪部分重要国营工厂分篇记叙"中详写，在此从略。

26. 慈溪机床厂 该厂始建于1972年7月，时与慈溪农机修理制造厂（动力机厂前身）"两块牌子，一套班子"。同年10月选址在教场山南路3号另立建厂。该厂系宁波市机械行业骨干企业、机械工业部仪表车床定点专业生产厂。

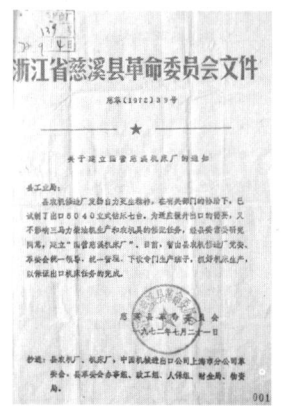

1972年7月慈溪县革委会关于建立慈溪机床厂的文件

建厂初期应上海机械进出口分公司要求，主要生产Z5040圆柱立式钻床，以后又开发生产Z535方柱立钻、CO618仪表车床等等。1986年后重点转向生产ZF-03、ZF-06小型船用齿轮箱。其中Z5040圆柱立钻、CO618仪表车床和ZF-03齿轮箱。先后出口美国、

慈溪机床厂车间一角

左：原慈溪工业局局长许思平与慈溪机床厂厂长吴健（1989年）

右：慈溪机床厂书记房长云和厂长孙家洪（1990年）

慈溪机床厂产品鉴定会（1989年）

1989年，慈溪机床厂在慈溪商业大厦召开全国性会议

1986年，慈溪机床厂部分领导和骨干在厂区留影

加拿大、巴基斯坦、马来西亚等国。

　　慈溪机床厂历任厂长为王德矜、房长云、吴健、徐克林、孙家洪等。

　　27. 慈溪农机修造厂　本厂于 1977 年 3 月在慈溪动力机厂内建立。1978 年 11 月慈溪农机修造厂与慈溪动力机厂分离另立，厂址在浒山镇教场山路 24 号。该厂主要承担农机修理和 165F 柴油机零配件加工。1979 年底开始生产民用电风扇，另挂"慈溪电风扇厂"牌子，翌年改为"慈溪三北电风扇厂"。1985 年三北牌电风扇和农用风谷机产量达到 6 万台，成为全省农机行业产值超千万的 16 个厂家之一，产品销往全国 20 多个省、市、自治区。1986 年后，家用电风扇市场饱和，该厂主要转向生产农用风谷机，1987 年产量达到 5.24 万台。是年下半年"慈溪三北

位于浒山镇教场山路 24 号的慈溪农机修造厂大门（1983 年）

慈溪农机修造厂生产的部分家用电扇

员工们在厂内大道上拔河（1984 年）

参加全县运动会的慈溪农机修造厂女工代表队（1984 年）

电风扇厂"厂名撤销,转由慈溪动力机总厂承包,挂牌"慈溪动力机总厂一分厂"。厂长为孙家洪、陈源裕、卢可能等。

28. **慈溪密封材料厂**　该厂的历史可追溯到1956年3月成立的白沙五金生产合作社、白沙服装塑料生产合作社和白沙棕绷生产合作社。1977年5月这3个社合并,成立了慈溪县白沙五金塑料制品厂。1978年10月该厂与浙江大学联合,开始了对膨胀石墨密封材料的试验。1979年7月该厂更名为慈溪第二塑料厂。1979年8月密封材料的板材和填料环投入小批量生产。1980年5月该厂改称为慈溪密封材料厂,时为生产此材料的全国第一家,其性质为县二轻工业总公司所属的集体企业。

1987年3月由"中石化"组织在慈溪密封材料厂召开技术座谈及全国订货会,图为会议主要参与者抵达厂内

时为慈溪县副县长的潘尧云在技术座谈及全国订货会上讲话(1987年)

慈溪密封材料厂生产的部分产品(1989年)

慈溪密封材料厂大门(2000年)

1980年6月该厂通过技术鉴定，产品迅速受到石油、化工、电力、冶金等行业的欢迎。1983年1月10日由地方财政投资10万元发展膨胀石墨密封材料，同年12月改称为地方国营慈溪密封材料厂，划归工业系统管理，为县内首家全民和集体联营企业。1984年6月成立了浙江大学、慈溪密封材料联合开发公司。1986年5月慈溪密封材料厂与上海内燃机研究所研制的PSFD膨胀石墨气缸垫获得较好经济效益。由此它成了慈溪影响最大的横向联合成果。

密封材料厂创始人袁可人近照（2017年）

该厂生产的膨胀石墨密封材料于1985年被评为省优质产品；PSFD膨胀石墨复合板材及气缸垫于1987年获得宁波市优特新产品"金马奖"，同年还获得国家机械工业委员会优秀科技成果三等奖。该厂1979年至1987年累计创产值8675.52万元，利润1121.42万元；1987年与1979年相比，产值增长5.88倍，利润增长10.31倍，年平均递增率分别为27.26%和35.42%，是慈溪国营工厂中发展速度最快的厂家之一。

该厂主要领导为袁可人、谢童仙、励日新等。

29. 慈溪县农业微生物厂（曾称慈溪调味品厂） 《慈溪农业志》载：为解决农药污染，保护生态环境，1978年农业部投资40万元，在慈溪建造农业微生物厂，推广微生物治虫。县农林局于1978年8月成立筹建小组，1980年3月正式批准建厂，定名为慈溪县农业微生物厂，至1980年11月建成，试生产7216杀虫剂4.5吨。由于该药用量大，效果差，农民不喜使用，当年工厂亏损。后来决定转产味精，于是1981年10月该厂扩建，1982年6月开始生产味精的半成品——麸酸。但由于多种原因生产成本高，产品质量差。县委决定于1983年6月将该厂移交给工业系统管理，后又划归慈溪制药厂。厂长徐宝贵、俞雪儿。

生产麸酸期间，该厂似曾称慈溪调味品厂。

慈溪农业微生物厂职工赴湖北培训留念（1980年）

慈溪农业微生物厂大门前（1980年）

慈溪高压开关厂装配车间（1988年）

30. 慈溪第二棉纺织厂 将在下篇"慈溪部分重要国营工厂分篇记叙"中详写，在此从略。

31. 慈溪高压开关厂 1983年6月由慈溪盐业机械厂分立而成。慈溪盐业机械厂为集体所有制企业，厂址在庵东镇北。时因盐业机械厂生产的压滩机滞销，故成立新厂转产高压电器开关。同年，慈溪高压开关厂被机械部、水电部选为"断路器在大排气改小排气完善化改造"定点厂，生产的高压开关柜、断路器等产品，通过省级鉴定后行销各地。

厂长姓名待考。

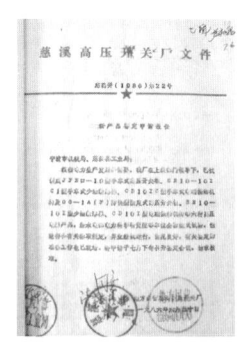

1986年6月慈溪高压开关厂要求鉴定新产品的报告

32. 慈溪周巷饲料厂和慈溪浒山饲料厂 1992年版《慈溪县志》记载：1979年周巷米厂投资30万元，新建年产3000吨配混合饲料车间。1984年县粮食局又投资65万元在浒山新建浒山饲料厂，1986年建成，厂址在剑山路355号。1986年1月周巷、观城2家米厂改名为饲料厂。饲料厂归属粮食系统。

33. 慈溪工艺品厂 该厂是1985年2月，为适应外贸发展需要，争取多渠道出口，而从慈溪金丝草帽厂分离另立的，是中国工艺品进出口公司上海分公司在慈溪的最大货源基地，时有2万多人的技术编织队伍，厂址在长河镇环城东路。主要产品为金丝草帽、纸草帽和草制品三大类。产品销往美国、日本、意大利、波兰、英国、法国等43个国家和地区。1987年销售额为506.26万元，产量：金丝草帽1.18万顶、纸草帽16.82万顶、草制品311.95万件，创汇151.85万美元。1988年被经贸部评为出口创汇先进企业。厂长为陆焕利、潘鉴柟等。

原慈溪工艺品厂制作的稻草芯手包（1987年）　　原慈溪工艺品厂生产的花式草帽（1987年）

34. 观城油厂 观城油厂估计建于20世纪50年代，或更早，确切年代不祥；厂址在观城义桥，后来逍林油厂并入；生产棉籽油和菜籽油，1983年开始其出产的二级菜籽油被粮食部评为"信得过产品"（此条见于1992版《慈溪县志》）。陶斌源、沈祥家、陈开国等曾任过厂长，罗元兴曾任党支部书记。陶斌源后任慈溪县总工会主席，沈祥家后出任慈溪市人民政府副市长。罗元兴曾被评为浙江省劳动模范。（说明：其属粮食系统，因《慈溪粮食志》滞于手稿，观城油厂很多要素不详）

慈溪热电厂厂景（2015年）

35. 慈溪热电厂　建立于 1989 年 8 月，地址在浒山街道前应路，经营范围为蒸汽、火电。正在转制过程中。

注：

1. 排列顺序大体以建厂时间为先后。

2. 本"逐个记录"将浙东化工二厂与浙东透明纸厂、慈溪县自来水厂与慈溪县第二自来水厂、慈溪周巷饲料厂与慈溪浒山饲料厂合一记叙。因此它与上一表格并不一一对应。

3. 由于分口管理变动很多，极个别工厂可能会被遗漏，若有遗漏，敬请谅解。

慈溪国营工厂出产的名牌产品

部优产品目录

编号	产品名称	生产企业	评定时间
1	165F 柴油机	慈溪动力机厂	1980 年
2	Z170F 柴油机	慈溪动力机厂	1985 年
3	"1211" 灭火剂	慈溪浙东化工一厂	1985 年
4	7S/16S 气纺纱	慈溪第一棉纺厂	1988 年
5	16S 气纺纱	慈溪第一棉纺厂	1988 年
6	14S 气纺纱	慈溪第二棉纺厂	1988 年
7	中国蜂宝	慈溪营养食品厂	1988 年
8	"四明山" 宁波大曲	慈溪酒厂	1991 年
9	"四明山" 宁波特液	慈溪酒厂	1991 年
10	六氟化硫	浙东化工厂	1991 年
11	天元黄酒	慈溪天元酒厂	1991 年
12	金丝草帽	慈溪草帽厂	1991 年

浙化一厂 "1211" 灭火剂评为部优产品的名单

省优产品目录

编号	产品名称	生产单位	评定时间
1	165F 柴油机	慈溪动力机厂	1979 年
2	Z170F 柴油机	慈溪动力机厂	1984 年
3	"四明山"宁波大曲	慈溪酒厂	1984 年
4	485Q 内燃机冷却水泵	慈溪师桥拖拉机配件厂	1982 年
5	"三北牌"7S 气纺纱	慈溪第一棉纺厂	1984 年
6	"三北牌"16S 气纺纱	慈溪第一棉纺厂	1985 年
7	"三北牌"14S 气纺纱	慈溪第一棉纺厂	1986 年
8	"加云牌"彩条被斜	慈溪棉织厂	1986 年
9	485Q－A 内燃机冷却水泵	慈溪师桥拖拉机配件厂	1986 年
10	"闪光牌"玻璃纸	慈溪浙东化工二厂	1987 年
11	"晶花牌"农用碳酸氢铵	慈溪化肥厂	1990 年

慈溪动力机厂出口的 165F 成熟的机型

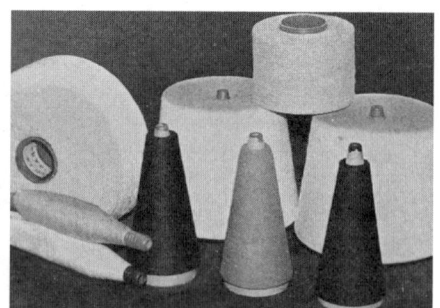

慈溪第一棉纺厂生产的气纺纱

宁波市优产品目录

编号	产品名称	生产企业	评定时间
1	天元黄酒	慈溪天元酒厂	1988 年
2	"慈开牌" PGL1-2 型交流低压配电屏	慈溪高压开关厂	1991 年
3	"三北牌" J148.5 特性精梳棉纱	慈溪第一棉纺厂	1991 年
4	"银花牌"麦曲黄酒	慈溪食品厂	1991 年
5	精制棉籽油	慈溪周巷油厂	1991 年

（以上表格根据原慈溪市工业公司经理许思平提供的资料整理）

慈溪酒厂出产的"四明山"宁波大曲

慈溪食品厂生产的"银花牌"麦曲啤酒等产品

慈溪拖拉机厂出品的内燃机水泵

下篇／慈溪部分重要国营工厂纪略

"慈动"——迈过甲子的"老国营"

一

传统的慈溪并非是个工业县,也不是国营企业集中的地方,但有一家"老国营",在10多年前是几乎所有慈溪人都知道的——她就是慈溪动力机厂,简称"慈动"。屈指数来她已整整迈过了63个年头。

早在1951年初,就在新的慈溪县建立前4年的时候,在浒山组建了现慈溪境内的第一家公营企业——余姚县浒山公营农具铁工厂。

1951年是个什么时期?我们不妨将她的组建置于中国社会的大背景中来回顾。1951年是中华人民共和国成立的第三年,是尚处于百废待兴的时期。在全国,抗美援朝正在进行,农业合作化运动方兴未艾,史无前例的土地改革运动已进入结尾阶段。

在慈溪,处决了一些汉奸、恶霸及反革命罪犯后,农村出现了第一批较低级的农业生产互助组,集镇出现了首批手工业生产合作社,64%的农户分到了土地。在浒山镇,对302个工商业户进行了改造、登记,在小山脚下召开了盛大的全镇颁发土地证大会。

经过土地改革的农民获得了土地,但不少农民缺乏必要的生产工具。为了恢复和发展农业生产,中央在领导农村开展土地改革的同时,也开展了农具改良工作。农具改良与土地改革和互助合作运动紧密结合,成为当时农村工作的主要任务。

1951年1月18日至27日,农业部在北京召开第一次全国农具工作会议。根据1950年各地区的汇报,估计1951年我国农村原有旧式农具缺乏和落后的情况相当严重。因此,中央决定1951年农具工作的指导原则是:以恢复补充和修理农民原有旧式农具为主，有选择地示范和推广新式农具。在具体实施上，原则上以县为单位进行组织，通过合作社、贸易公司和土产公司，扶助小手工业者、铁匠炉灶、木工铺、私人商贩，解决铁煤等生产原料，以群众自己制造为主。此时全国已有50多个公营工厂和120个私营铁工厂从事旧式农具生产。

公营浒山农具铁工厂就在这个历史大背景下应运而生的。该铁工厂由浙江省工矿厅乡村工业改进所牵头成立的，所以全称也可叫"公营浙江省工矿厅乡村工业改进所浒山农具铁工厂"（见《慈溪二轻工业志》）。当时成立公营工厂在慈溪现境内似乎仅此一家，但在全国并非个案。如宁波在1951年10月1日，也成立了铁工厂，它后来成为宁波动力机械机厂的前身；同年11月在绍兴也成立了公营农具工场，1955年改名为地方国营绍兴农具铁工厂，该厂就是浙江绍兴自行车总厂的前身。

"公营"，我的理解几乎就是"国营"。据我所知，这种称呼在我国新民主主义革命时期的革命根据地使用得较多。我以为在解放初期这个特殊的历史阶段，沿用革命根据地的"公营经济"称谓更能发挥重要作用。

公营浒山农具铁工厂成立于1951年3月，有职工27人（其中管理人员3人），生产炉灶6个。据说也有属于坎墩、宗汉地界的铁匠加入。负责人先后为胡泽章、刘瑞昌、熊云祥。胡泽章为本地乌山人，若今在世已超过100岁。该厂建立定额、定料责任制，通过工人劳动竞赛，提高了生产效率，这使她成了后来慈溪工业系统推行经济责任制的滥觞。1952年该厂职工增至40人，能每月生产铁耙、刮子等旧式农具3000余件，成为慈溪现境内最大的企业。

铁耙、锄头、刮子是我们家乡农具中的"老三件"，即使现在人们也仍经常使用它们。当然还有刀、铲等许多旧式农具。公营浒山农具铁工厂主要负责生产的就是这部分铁制农具。

俗话说"无铁不拢市"。古今中外，再穷的地方也都有铁店，即使在没有种植业的牧区、矿区也要钉个马掌，打把刀什么的。老人们说："铁店是耳朵，染坊是眼睛。"也就是说，在拂晓时分，当你去哪怕是陌生的地方赶集时，你只要用耳朵听"叮叮当当"的打铁声，就能找到铁店；你只要用眼睛看着挂满"青色蓝色"的布块，就能找到染坊。

早年的浒山小城内，最多的店铺虽然是棉、纱、丝、布、衣业，铁业不算多，但有据可查解放初期的铁店至少也有 7 家之多。它们是西门街的水方锯条店[①]、尧方锯条店（即"蒋尧记"铁店）、吴天兴铁店、合盛铁店，东门街的阿如钉店、东门外街的德利钉店、胡松炎铁店。

由此来看，浒山的铁业可分为三类：一是铁店，主要是打制稍大的农具或器物，如铁耙、锄头、刮子等；二是锯条店（即"绀板店"），以制作锯条等木工工具为主，过去的锯条也是铁匠打出的；三是钉店，主要是生产铁钉，同时也做一些生活上用的小用具，如火钳、火叉、摇门的拳头、户搭蚂蟥攀等等，过去铁钉也是铁匠打的。早年有"永康铁匠，绍兴钉匠"之说，上述铁铺中，有不少铁匠、钉匠就是来浒山谋生的永康人、绍兴人。

老浒山的西门是铁店较集中的地方，蒋氏的水方、尧方是兄弟俩，可称得上浒山的铁匠世家，他们"前店后家"的铺子也在那里。公营浒山农具铁工厂的工场也在当时属于西门街的板桥头"潘顺泰"店铺的旁边，就是目前的上林坊的西南角。再后搬至西门外的三碰桥边，一说搬至南门外陈氏大房附近，设施极其简陋。

1950 年，也就是公营浒山农具铁工厂成立前夕，有位个子矮小的小青年来到板桥头的"蒋尧记"铁店做学徒。铁店主人就是这小青年的娘姨丈。后来"蒋尧记"铁店并入余姚县浒山公营农具铁工厂，这位小青年也随之进入了该厂。

这位小青年就是后来在慈溪工业系统赫赫有名的龚生达。

龚生达 1934 年 3 月出生在本地白沙路的高河塘，家境贫寒。仅上过 2 年学的他，13 岁就到糕饼店做学徒，还在其父亲租来的田里种过地。当年的学徒与现今的学徒不可同日而语。那时的学徒吃饭要快、睡觉要迟、起床要早、走路要急、手脚要勤、眼头要活。然而这样的学徒生涯使人不仅学得了技术，而且磨练了意志。我想这对龚生达后来的长进肯定是一种精神财富。正如笔者自己，当年时势强摁着你沉下去、再沉下去，在本县最偏僻的农村做几年地头吃吃苦，

[①] 锯条浒山方言叫"绀板（音）"，写成书面语是"锯板"，浒山的老书上往往将"锯条店"写作"锯板店"，这样易与动词的"锯板"相混淆，故本文写作锯条。

现在却越来越觉得这受益匪浅。而现在很多青年只知道"浮上来",不知道"沉下去",对一个人的成长是无益的。

铁匠是个苦营生,长年赤膊"墨黑铁塔",牵风箱抡大锤,人如"灶猫煸鸡"。老话说:"天下三大苦——打铁、撑船、磨豆腐。"铁铺学徒之苦更甚,可见一斑。

后来由于这位小青年肯吃苦、沉稳、有担当且动手能力强,被派到浒山镇消防队。当时消防队就在浒山中街,它的西边就是板桥头,它东侧的小路是以"火"为名的弄堂,叫"火弄"。在消防队里龚生达开始接触到动力机械。

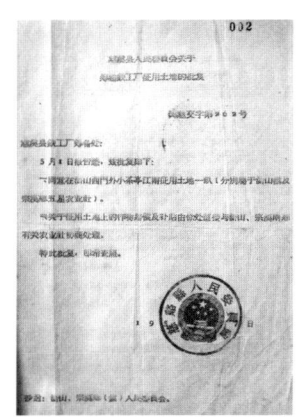

1958年动力机厂前身慈溪铁工厂征用土地的批复

1954年10月,通过"划县"后新的慈溪县正式建立。此时正值慈溪手工业合作化高潮时期,铁业也被列为首批试办合作社(组)的行业之一。余姚县浒山公营农具铁工厂也作了改组,成立了慈溪县浒山铁业生产合作社,负责人为慈溪工业系统有名望的老前辈杨定山。看来在"合作社化"期间,"合作社"要比"工厂"时髦。在中国名称往往随时势而变的,所以名称总是改来改去。这时龚生达又回归到浒山铁业生产合作社。似乎龚生达冥冥中注定不会成为一个消防队员,而成为一名机械制造工人。

1954年浒山铁业生产合作社生产了中耕机101台,这是她开始由生产旧式手工农具向生产简单农机发展的标志。到1956年,职工人数增至61人,产值为10.46万元,当年生产铁制小农具3.45万件、生活用品1.37万件,固定资产原值6.95万元。进步和发展应当说是明显的,但合作社毕竟只是一种低级形式,它必然要向高级形式发展。1958年5月2日慈溪铁工厂筹建处成立,当月7日县政府同意慈溪铁工厂筹建处征用浒山西门外小茶亭大塘河南侧万缸池附近的土地1亩,投资5.3万元建造厂房,这大大改善了生产环境,也为后来"慈动"的建立提供了基础条件。

1958年6月2日宁波地委工交部同意慈溪县浒山铁工合作社转制改为地方国营慈溪铁工厂;6月27日慈溪县委发文任命洪瑜为地方国营慈溪铁工厂厂长、

党支部书记；9月28日慈溪铁工厂建立共青团总支，龚生达任团总支书记——这位能吃苦耐劳的小青年开始初露头角。当年龚生达被评为浙江省青年社会主义建设积极分子。

1959年5月15日施振如任慈溪铁工厂党支部书记，同年6月20日任命杨定山为慈溪铁工厂厂长，8月9日慈溪铁工厂归口为县农林局，并改名为慈溪农具机械厂。

忆往昔峥嵘岁月，展未来任重道远。在全国，新中国成立初期的农具补充、改良工作不仅促进了农业生产的恢复和发展，配合了互助合作运动，而且奠定了我国农机工业的基础；于慈溪，浒山铁工合作社的漂亮转身开始与"机械"连接，预示着一个壮实的胚胎已在母体发育。她将为以后"慈动"的出世塑造了雏形。

二

初创而多事的50年代已经过去，60年代接踵而至。1961年3月1日慈溪县农具研究所成立。1961年5月慈溪农具机械厂投资10.65万元，在小茶亭征地3亩，建成铸造车间。同年慈溪县农具研究所并入慈溪农具机械厂，1962年1月5日从周巷迁来的慈溪机械厂也并入慈溪农具机械厂。三股绳拧在一起，大大增强了慈溪农具机械厂的力量。

为了承接从慈溪农具机械厂剥离出的传统手工农具生产任务，在时隔10年的1961年10月1日，在浒山西街的大茂弄西侧建立了"浒山铁工社"。1966年2月23日，"浒山铁工社"改名为"浒山铁工厂"。后来向北移至教场山脚下，它就是慈溪工具厂的前身。在不同年代先后建立了名称相同的两个"铁工厂"，这容易让老人们在追叙"慈动"前身时记忆上发生混淆，也增添了笔者采访的难度。笔者增加这段话，是为了告知关心"慈动"的老人和后人——这两个"浒山铁工厂"是不同的厂家。

1962年慈溪农具机械厂研制了皮辊轧花机，较好地解决了棉花收获后无法有效地从棉中剥离棉籽的难题。过去农民们用手剥或用两个木棍轧来脱籽，不仅效率低，而且出衣（出棉）率也不高。开始时生产的皮辊轧花机多适于畜力

动力机厂前身慈溪农具机械厂生产的轧花机（1963年）

拖动，它俗称为"牛洋车"。后来随着电力供应的不断普及，他们又生产出适于机动或电动的且工作幅面更大的机子，这一机型在全国棉花加工机械评选会上，被评为优秀产品。

当时，在我省内一些山区及偏僻地区亦有少量棉花种植，但那里尚未供电，省订货会上有些客户要求供应脚踏皮辊轧花机。慈溪农具机械厂急用户所急，抓紧研制脚踏、手摇皮辊轧花机。1963年底慈溪农具机械厂生产的轧花机首次列入省生产计划。据说这是全省独一无二的棉花加工机械生产定点厂。到1965年止，慈溪农具机械厂共生产畜力、电动、脚踏、手摇皮辊轧花机约3000台。此时他们还仿制中耕机、打稻机、高压喷雾机等农用机械。

在一个为棉花而生的全国著名产棉县里，有了这样的工厂、有了这样的产品，意义是不凡的。

慈溪农具机械厂经历了手工农具起家后，向着农机迈进。农具与农机虽是一字之差，但却是质的飞跃。

1964年慈溪农具机械厂试制成功纤维杂质分离机。1965年慈溪农具机械厂生产打稻机1263台，轧花机357台、轧床10台、纤维杂质分离机10台。职工人数达114人，工业总产值43.42万元，固定资产原值51.86万元。

三马力柴油机生产线（1987年）

铸工在浇铸（1993年）

动力机厂加工柴油机壳体的车间（1994年）

1965年1月18日龚生达任慈溪农具机械厂副厂长。同年同月慈溪农具机械厂又投资16.2万元，征地5亩，建成装配、修理等车间。

1966年是"慈动"发展史上应当回顾的一年。这年的12月，慈溪农具机械厂仿制日本洋马牌的160F二马力柴油机获得成功，揭开了本县现代农机生产的序幕。该年慈溪农具机械厂产值达781.04万元，比上年增长22.4%，利润上升到122.67万元，比上年增长38%。

1968年更是值得记住的一年。从横向看，这一年慈溪棉纺厂（慈一棉）还在火热筹建中，全县尚无较大的工厂。就在这一年的12月慈溪农具机械厂165F三马力柴油机试制获得成功。从仿制到研制，又是一次质的飞跃。我想这应该是慈溪工业史乃至慈溪发展史上的一件大事。

在盐垛里、在棉花堆中跳出这样一个宠儿，怎能不令人高兴呢？文化高的人常称该机为"165F"，文化少的人则常叫该机为"三马力"，在较长的一段时期里，她成了慈溪人如雷贯耳的产品，成了"三北"的一个亮点。

1969年11月我开始去五洞闸支农，那时我插队的那个大队还未用上电。70年代我所在生产队也开始使用"三马力"。

70年代初在慈溪连照明问题尚未全部解决，农田中用电还是个奢望，能用上提携不笨重、操作不繁难的"三马力"来解决脱粒、排灌、植保等繁重农活的动力问题，农民怎能会不认可呢？

1969年9月该厂投资15.71万元扩建铸造、装配车间，同年10月8日更名为慈溪农机修理制造厂。1971年慈溪农机修理制造厂电炉炼钢车间筹建，投资7万元。此为慈溪第一个电炉炼钢车间。1971年以后随着小功率风冷柴油机生产的扩大，皮辊轧花机等的生产任务转交给慈溪"二轻"系统。

三环集团公司总经理龚生达（1993年）

后几年中三马力柴油机生产线又不断扩建。1971年6月28日龚生达任慈溪农机修理制造厂党委副书记。

1972年7月慈溪机床厂在该厂内建立，同年10月慈溪机床厂迁出，选址教场山另立。慈溪农机修理制造厂如一只母鸡不断生出蛋来又孵出小鸡。

翌年12月30日慈溪农机修理制造厂改称为慈溪农业机械厂。屈指数来这是"浒山公营农具铁工厂"以来的第5次更名。

又一次更名旋即到来——1974年10月3日更名为慈溪动力机厂，并附挂"慈溪农机修理制造厂"牌子。"慈动"的名称终于诞生了。

同年10月23日慈溪"三马力柴油机会战办公室"成立。"会战"是当时的时髦词，大的项目像打战役一样搞会战，这证明了慈溪人下决心要把"三马力"做大。

1977年的慈溪动力机厂已有职工452人，工业总产值319.50万元。固定资产原值308.27万元，利润48.11万元。年生产165F三马力柴油机7000台，配件1.9万套，铸铁件664吨。职工人数是全县国营工业中"老二"，工业总产值列全县第三。列首位的当然是慈溪棉纺厂（慈一棉）。

1977年8月29日成立"慈溪动力机厂小功率风冷柴油机研究室"，这说明"慈动"已走上生产与研发并重的路子。1978年6月22日龚生达升任慈溪动力机厂厂长。同年9月13日经省批准，在全省范围内组织专业化生产165F柴油机，

20世纪80年代的"慈动"大门

1981年毛学畅陪同外商参观慈动装配车间

慈溪动力机厂定为骨干企业之一。这是"慈动"开始横向联合的标志。

1978年中国开展了第一个"质量月"活动,慈溪动力机厂在慈溪率先成立了质量检验科。同年11月1日慈溪农机修理制造厂从慈溪动力机厂分离独立出来。这是"慈动"孵出的第二只小鸡。

1978年165F柴油机和慈溪动力机厂小功率风冷柴油机研究室(技术部)获国家机械工业科学大会奖;1979年165F柴油机评为省优质产品,成为慈溪县工业系统首获省优称号的产品;1981年165F三马力柴油机获农机部优质产品称号。"慈动"成功地完成了"三级跳"。

1980年经国家工商局核准确认慈溪动力机厂生产的柴油机注册商标为"三环"牌。"奥林匹克"有五环,"慈动"有"三环"。"三环"的具体含义是:联合慈溪、余姚、上虞三县的动力机厂共同生产,余姚以生产连杆、齿轮为主,上虞以生产曲轴为主,慈溪以生产整机为主。"三环"是"慈动"纵横捭阖的象征。

1982年11月18日龚生达任慈溪动力机厂党委书记;1984年6月18日龚生达再任"慈动"厂长并兼任厂党委副书记。1983年2月慈溪机械工业研究所在"慈动"成立,龚生达兼任所长。1985年3月"慈动"在全县率先推行厂长负责制,为期3年。3月19日,龚生达厂长在就职典礼上发表演说。时年龚生达51岁,年富力强的他不断向事业的巅峰攀登。

动检验科全体成员合影。中排右三为科长何康德(1982年)　　慈动经营科部分同志合影。后排正中为科长毛学畅(1981年)

1983年慈溪动力机厂与浙江大学合作研制了Z175F柴油机；第二年Z175F柴油机获省优质产品证书；第三年Z170F柴油机获机械工业部优质产品称号并获国家银质奖。如此高档次奖项在当时全县是破天荒的。

1986年11月20日全国中小功率柴油机第三次学术讨论会在"慈动"召开。这类会议的召开，证明慈溪生产的中小功率柴油机已得到全国同行的普遍认可。她向世人表明，慈溪人不仅能晒出细白盐、种出高产棉，而且能造出好机器。

三

"慈动"是年轻时的我最心仪的厂家。每当我走过浒山环城西路217号"慈动"的大门前时，一股羡慕之情便油然而生。在当时人们的心目中工人是"老大哥"，"工人阶级领导一切"，"慈动"工人更是工人中的"大哥大"。其实心仪的不止是我，当年待分配的大学毕业生、复员转业的军人，他们的首选单位也是"慈动"。

1987年7月28日地方国营的"慈动"变更为国营"慈动"总厂。1987年慈溪动力机总厂职工人数已达704人，工业总产值1510.69万元，固定资产原值561.6万元，利润218.9万元。年生产内燃机3.4万台，配件3.47万套，铸铁件1520吨。

"慈动",她让我心仪的不止是厂子大、生产旺、人员正、牌子响、待遇好,还因为她有一支篮球队和一个工人大学。

　　"慈动"的篮球队由曹普振、倪永亨、陈学明、应维军、陈再泉等十余人组成。他们不仅经常在慈溪工业系统篮球赛中获冠军,而且在宁波市工业系统篮球赛中也名列前茅。难能可贵的是他们既是球队的主力,又是生产上的骨干。如倪永亨是厂工会副主席,陈学明是厂团委书记,曹普振、应维军是车间主任等等。那时慈溪工人俱乐部有灯光球场,就在现今的上林坊东北隅,在晚上那里总是灯火通明球赛不断。我是那里的常客,只不过他们是运动员,我仅是观众。当穿着印有"慈动"背心的球员上场时,人们总投以羡佩的目光。

　　慈溪动力机总厂办的"七·二一"工人大学是1976年7月1日开学的。做"慈动"的工人已经让人够荣耀了,进了这个厂里还可读大学,真让我羡慕至极。众所周知在"文化大革命"时期,中国内地的大学全部停办了。我们"老三届"事实上都成了失学青年,"支农、支边"事实上是快刀斩乱麻,"一刀切"解决我们这些拥堵在一起的共6个届别初、高中毕业生的就业问题。这时能进大学的门确实是我们这代人梦寐以求的。

　　"七·二一大学"又称"七·二一工人大学","七·二一工人大学"是什么?让我们将日历翻回到1968年7月21日,那天毛泽东在第二天将见报的《人民日报》关于《从上海机床厂看培养工程技术人员的道路(调查报告)》编者按的清样中,加写了这样一段话:"大学还是要办的,我这里主要说的是理工科大学还要办,但学制要缩短,教育要革命,要无产阶级政治挂帅,走上海机床厂从工人中培养技术人员的道路。要从有实践经验的工人农民中间选拔学生,到学校学几年以后,又回到生产实践中去。"这段话后来被称为"七·二一"指示,这一"最高指示"当时很有名,我能倒背如流。我欣幸中暗暗地意识到老人家最高指示中的言下之意——大学不至于全部被砸烂。

　　确实"慈动"是慈溪职工教育搞得最早、最好的企业之一。她早在1962年已配备有专职教师。她成立职工教育委员会,实施过"六二制"(即6小时工作2小时学习),对员工进行较大规模的文化补课和技术培训,还办过机械制图班,同时选送优秀工人上知名大学。

"三环柴油机集团公司"成立筹备会（1990 年）

  这方面最鲜明的例子如毛学畅。1969 年只上过一年初中的毛学畅到"慈动"工作，进厂只有 17 岁的他在打铁、焊接、修柴油机等劳动岗位上表现出色，1975 年他被"慈动"推荐到浙江大学内燃机专业学习。1978 年浙大毕业后他又回到"慈动"工作，从技术员到科长、副厂长、厂长书记，后来成为慈溪市外经贸局副局长、局长、慈溪市副市长。这位慈溪普通农民的儿子，"慈动"为他留下了丰富的阅历、宝贵的经验和深刻的思考。

  1987 年 8 月 27 日"慈动"总厂承包经营慈溪农机修造厂。同年慈溪农机修造厂改称为"慈动"总厂一分厂。"慈动"下面开始设立分厂。1987 年 11 月 28 日慈溪"三环"柴油机集团公司筹备领导小组成立，翌年 1 月 6 日召开慈溪"三环"柴油机集团公司首次董事会，会上龚生达当选为副董事长、公司总经理。1988 年 3 月 15 日浙江慈溪三环柴油机集团公司成立大会在慈溪县人民大会堂召开。该集团公司是以三环牌柴油机为主打产品，以"慈动"总厂为主干厂家，由 41 个单位联合参加的企业群体。公司决心发挥"集团军"优势，力争在国内同行中居于领先地位。

1990年3月胡学旦为三分厂厂长，翌年5月胡学旦升任为"慈动"总厂副厂长。胡学旦年轻、正派、稳健，家声清馨厚道，是土生土长的浒山人。

1993年3月16日慈溪动力机总厂与英国长江三角洲投资有限公司合资经营并改称为宁波三环动力机械有限公司，企业性质成为中外合资经营。4月20日宁波三环动力机械有限公司第一次董事会议召开，龚生达任董事长，岑庆耀为总经理，胡学旦为副总经理。5月18日举行开业典礼。此时"慈动"已伴随着龚生达到达了事业的巅峰。

回顾龚生达在"慈动"施展才华的同时，人们会想到傅涌廷。龚生达善于动手，善于带领一班人马苦干，而傅涌廷长于计算、策划、搜集资料。如果说龚生达是一位武将，那么傅涌廷便是一位文臣。他俩一武一文，相得益彰。如今年届80的傅涌廷20世纪50年代曾是浙江省供销社的一名会计；1983至1984曾任"慈动"厂长；1987年，升任慈溪县计委主任。他研究杭州湾潮汐40多年，率先提出建造杭州湾跨海大桥的动议及方案，退休后成为杭州湾大桥工程指挥部顾问。据说他目前正为拟建的第二座杭州湾跨海大桥忙碌着。

1997年3月10日胡学旦为慈溪动力机总厂党委书记、厂长，同年3月20日胡学旦为宁波三环动力机械有限公司总经理后又升为董事长。这几年来"慈动"经过整合、改革、中外合资，前进的接力棒已稳稳地传到胡学旦手上。

让我们再次回眸"大跃进"的1958年，慈溪在"大办工业"口号鼓动下兴办和提升了约15个地方国营工厂，如慈溪炼钢厂、慈溪炼焦厂、慈溪酿酒厂、慈溪陶器厂、慈溪造纸厂、慈溪水泥厂等等。排算一下，"健在"的似乎只有"慈

扩建后的"慈动"铸工车间（在教场山北）（1996年）

"慈动"后期的柴油机装配线（2000年）

动"。这里有值得我们总结的经验和教训,真是说来话长啊!

1999年"三环公司"厂部迁址到匡堰镇王家埭村329国道北侧。总部办公在孙塘南路259号三环动力大厦十楼。原址万缸池畔的厂区,我不说你也能猜到七分——拆平搞房地产开发。

就在这时,"慈动"在慈溪市工业局的主持下,进行了转制,从此从国营转为股份制民营。据说在那时转制的一批国营企业中至今还在正常生产的也只有原"慈动"这一家。转制

2008年三环集团公司荣获百年成就奖

后董事长、总经理依然是胡学旦。转制后胡学旦仍稳健操持,没有见异思迁地乱投资,没有乱花钱,依然保留着"老国营"的一些好的做法。尽管前些年制造业不很景气,尽管农机制造始终利润低下,但他还默默地坚持着、恪守着。

2007年"三环牌"柴油机入选中国机电商会特别推荐的"中国出口品牌";2008年"三环公司"被评为对中国内燃机工业作出突出贡献企业。公司以"三环动力,以质取胜;三环服务,永远真诚"为宗旨,取信于国内外市场,产品畅销国内二十八个省(市、区)并外销到十多个国家和地区。2011年她的产量高达近30万台,产值和销售收入均突破2亿元。一个"年过花甲"的"老国营"还有如此后劲,还在挺直腰往前走,实属不易。

2013年上半年我开始采集本文素材,几次想拜访龚生达,但因其病情一天天恶化而不能成行。翌年4月我经同仁牵线终于造访了龚生达的小女儿,我提出了自己最低的要求——想见龚老一面。我说:我与龚老素昧平生,但他是我从小就敬重的人,他是至今能见证"慈动"60年唯一的人。我在动笔前得要酝酿一下自己的感情,虽已无法交谈,看他一眼也好。

4月17日上午,我在市人民医院特需病房护士长的陪同下轻手轻脚地走进了龚老的病房,只见他深深埋在洁白的被褥里,一根氧气管联在鼻子里,静静地安睡着。我怔怔地站在他床前没发一个音,也不敢挪一步。但我内心却百感

交集，先是后悔、自责，再是敬重、怜悯、感叹，最后是一丝安慰，真是五味杂陈。我为何不早些来造访他呢？那样我们还可以交谈，我还可以多听到一些别人说不清、纸上又没记录的"慈动"早期的雪泥鸿爪，这种无法弥补的失之交臂是我自己拖沓造成的。我感叹，人是强者，又是弱者，说不省人事就不省人事了！但当我看到窗外阳光明媚、小鸟啁啾，室内有会客间、卫浴间、卧间，设施齐全、整洁明亮，再有护士们悉心照料，心里便飘来一丝安慰。我没想到慈溪也有这样好的病房。尤其是当看到几只放在台子上夹有龚老年轻时照片的相架，其中一幅照片是龚老穿着粗直条的医院病员服装，脸带笑容，护士长应爱卿等人如女儿般依偎在他身边其乐融融，我感到欣慰。

当然"慈动"60多年的辉煌，是集体奋斗的成果，是共同努力的结晶，我们不能忘记上面文章中没有提及的人士，如商昔纯、张玉田、裘志萍、陈守钿、高勤、康可邦、吴健、孙杏其、陈育然等等。他们大都是从学徒做到第一线工人，再走上负责人岗位的。他们是慈溪动力机厂发展的永恒动力。难怪有人把"慈动"称作慈溪工业系统的"黄埔军校"，有"一百零八将"。我想是这样的。

我们也不能忘记曾在第一线上奋力拼搏的工人，如叶定学、丁乃生、符志炎、陈其连、胡长寿、房渭江、杨定洋、陈显耀、马瑞江、徐松敖等等。其中的陈其连，1942年出生，1968年从部队复员进"慈动"工作。学历仅初中的他1974年研制出曲轴生产线机械手，1978年在浙大帮助下主持设计成功铸工生产线而获得省科技成果二等奖，同年进京参加科技大会，受到党和国家领导人的接见，被一机部授予劳动模范称号。他与龚生达是慈溪市工业系统"劳模（先进个人）榜"上名字出现次数最多的"慈动人"。是啊！众多的默默无闻、名不见经传的工人都是柴油机上的不可或缺的螺母、螺杆！

2014年5月12日

"慈溪茅台"出白洋

——记慈溪酒厂兼慈溪酒业的兴衰

起丹灶，蒸白洋，玉液酿成，一滴入唇三日香；

抵鸣鹤，落禹皇，仙翁驾到，杯酒下肚醉千秋。

这是我"篡改"过的诗句，当年白洋湖边的"禹皇"山顶安装了国营慈溪酒厂的水塔，汲白洋之水以酿美酒。1976年慈溪酒厂试制成功"宁波大曲"并投入批量生产，之后"四明山"牌60度宁波大曲被评为省优质产品。1986年联合国粮食署专家品尝了宁波大曲后，伸出大拇指说："OK，慈溪的'茅台'！"1991年宁波大曲被轻工业部评为优质产品。宁波大曲的成功，将慈溪酒业的发展推上了顶峰，这是慈溪酒业所获的最高荣誉，然而人们却未曾想到，它竟是全市国营酒业的最后荣誉。我想，通过回顾历史或许能找到答案。

让我们品味慈溪的"酒史"

1990年编印的《慈溪县国营工业志》中"大事记"的首条就写道："宋代，本县酿制'幻江春'（又名'十州春'）酒，'甬上尝以入贡'。""烟云梦幻一江春"，古人真有诗意！1992年版《慈溪县志》也记着："宋时慈溪酿制的'琼玉露'又名'十州春'酒，味香色清，与浔酒仲伯，'尝以入贡'。"浔酒，古名酒，产于湖州南浔。据《慈溪县国营工业志》载，"幻江春"至明时，又称"双鱼酒""明州金波"。据称明代李保田在《酒谱》中，就记载着宋代的全国名酒，其中"越州蓬莱"与"明州金波"为当时齐名的美酒。

据说在明代，宁波绿豆烧（白酒）称佳。明末清初，有高粱烧及利用黄酒糟加工的"糟烧"亦很入味。1864年（同治三年）慈溪建立了冯大酱园，后来又有友联、茂大等大的酒厂。

宁波自古也是酿黄酒的兴旺之地，绍兴后来又成为我国的黄酒制造中心，处于宁波府与绍兴府交会地带的慈溪，民间酿酒风气之浓是理所当然的。1949年前后，在慈溪现境内小酒业以逍林、浒山、周巷等地为盛，仅这三地就有大小酿户数以百计。

1949年5月慈溪一解放，人民政府就着手经济恢复工作。政府在直接出资、新建部分企业的同时，对与人民生活密切相关的私营工商业采取各种措施进行恢复、组建和扩大生产，并且政策上也给予扶持，这为使它们以后转为国营企业创造了条件。

在酒业方面，1952年以后因国家对粮食采取统购统销政策，继而对酒类实行专卖，原散布在全县各地的众多个体酿造户，转向集股联合申办企业。1953年2月全称为"慈北联营酿酒厂（简称慈北酒厂）"的企业在掌起大石桥应运而生。厂长、经理是虞家芝，工人20多人，生产黄酒和糟烧。

虞家芝(1904—1969)，古窑浦人。幼年亡父，15岁去上海当学徒，1926年失业回乡，在家做小买卖。1935年被荐任村长，次年任护东乡副乡长，后因不满国民党政府而辞职。在抗日救国活动中他为共产党和百姓做了不少有益的工作。1950年他被选为县人民委员、县水利委员会副主任，后任慈北酒厂经理兼厂长，县工业公司副经理，县工商联主任，县政协常委等（详见1992年版《慈溪县志》P998）。

虞家芝（1904—1969），古窑浦人，解放后曾任县工商联主任、慈北酒厂经理兼厂长

至1955年底，全县经登记开业的酒厂已有12家。他们是：龙山的山北酒厂，掌起的慈北联营酿酒厂，新浦联营酿酒厂，浒山的泉盛新酒酱坊，崇寿的志成酒厂，周巷的兴泰、正新、成丰、震大、友联酒厂，天元的同和酒厂，泗门的和记酒厂。他们出品的黄酒和白酒产量，占全县消费量的7成。

其中慈北联营酿酒厂、同和酒厂生产规模较大。特别是慈北联营酿酒厂（下称慈北酒厂）是本县酒业中首家由行政部门直接组建的酿造企业。它是由县专卖公司组织10户私营酒坊和零售商贩共同筹资合成的。之后它成为慈溪酒业的骨干企业。

在1956年社会主义改造的运动中，慈溪酒业较早地实行了公私合营，其中慈北酒厂最早即1956年1月就被批准"公私合营"，据说厂长是潘行舟。这为以后慈北酒厂成为国营企业奠定了基础。在并归中，龙山山北酒厂也并入慈北酒厂，崇寿志成酒厂并入新浦酒厂，周巷兴泰酒厂、泗门

建于20世纪60年代的慈溪酒厂老大门

和记酒厂并入震大酒厂，周巷成丰酒厂并入正新酒厂。这样全县原批准的12家酒厂并成了6家较大的酒厂。接着又将浒山的泉盛新酒酱坊的酿酒部门升格为浒山酒厂（厂址在金山）。

在1958年的"大跃进"时代，"放卫星"是时髦语，慈北酒厂便更名为"慈北卫星厂"，不久又恢复原名。"大跃进"时代花样百出，同年11月在"大办工业"的口号下，慈溪突击创办了一批地方国营企业，其中在鸣鹤场岳庙村沙滩桥边的"叶二房"、彭公祠内新办了慈溪酿酒厂。

1961年全国开始实行"调整、巩固、充实、提高"的八字方针，同年10月慈北酒厂并入慈溪酿酒厂，震大酒厂并入天元的同和酒厂。1963年撤销新浦酒厂，将人员和设备分别调剂给慈溪、同和、浒山3家酒厂。"大跃进"时代创办的企业大多昙花一现，然而慈溪酿酒厂依托着白洋湖，又凭慈北酒厂的充入，获得了较好的发展。

在20世纪60年代初的"三年特别困难时期"中，市场萧条，农民购买力

降低，慈溪实行了以小杂粮（高粱、麦子、玉米、薯干、黄豆等）换酒的办法，用1斤小杂粮能换取50度白酒0.5斤或黄酒1.5斤，获得较好的效果。

1966年慈溪酿酒厂正式改名为地方国营慈溪酒厂。从此一个响亮的名称如唳天的仙鹤冲出了白洋，使慈溪酒厂开始成为整个行业的代表。

"黄""白"并重，花式共存

慈溪酒厂的产品是黄酒和白酒两种，起先是黄酒产量多于白酒，后来是黄酒与白酒平分秋色，最后是白酒产量多于黄酒。但多年来品种单一而陈旧，黄酒还是老黄酒，白酒还是老白酒；而且质量一般，黄酒又逊于"天元黄酒"；口味上又缺少特色，致使酒的产量长期不能突破。为了弥补生产的不足，他们在20世纪60年代末到70年代还生产过醉麸。

醉麸就是用酒、醉料腌制发酵过的烤麸。而烤麸也称霉麸，是面粉中分离出淀粉后的小麦蛋白质（俗称面筋）经发酵蒸煮后而成的。醉麸色泽黄亮，酯香浓郁，入口鲜美，咀嚼有韧性，是一种佐餐的佳品；其口味又咸又鲜，也可作为调料。

但是醉麸的消费量哪能与酒类比！我想如果慈溪酒厂在旁门左道上继续做文章，就入了穷途末路，就不会有后来的宁波大曲。但是一个有着二百号员工的厂，要生存、要"开交"，这个权宜之计也是不得已而为之。

20世纪80年代初，慈溪酒厂毅然停止了醉麸的生产，开始在研制新酒上下

20世纪80年代初，副厂长徐加宝（左）和胡月康师傅商讨多品种开发事宜

宁波大曲窖藏3年以上才能装瓶，图为装瓶车间

功夫。他们先后开发了善酿酒、香雪酒（青春常在酒）、皇浆酒、果酒、荆江刺白酒等。善酿酒是用糯米酿成，酿制时不加水而加黄酒，口味较甜；香雪酒就是在黄酒的基础上加白酒；皇浆酒就是与蜂皇浆合成的酒；荆江刺是一种野果。"灵感总是光顾苦苦追求的人"，无疑这种孜孜不倦的求索，最终成就了好酒。

这些花色的酒虽然都没有成名甚至失败了，但它恰如给饥饿人垫底的第一、第二个馒头，宁波大曲是让人感到饱意的第三个馒头，我们不应把吃饱肚子只归功于第三个馒头。

宁波大曲成功后，慈溪酒厂又研发了系列配套酒："斩头去尾"而得口味醇香的"宁波特液"和酒度较低、价格便宜的"宁波二曲"。所谓"斩头去尾"是当蒸馏的白酒外流时，把开头和结尾时流出的部分剔除重做。因为开头部分的酒甲醇含量高、"味太猛"，酒度超过70度，而结尾部分的酒味淡、杂醇油多，酒度仅20度。宁波特液的酒度是38度，适宜"贪杯"的人多喝。所谓"二曲"，是利用大曲酿制后残余的淀粉再次发酵酿制所得，它既能充分利用原料，又能满足较低档的消费。

写到此，让我想起我国一著名经济学家对我说的一句话——一个成功的企业，往往就是能把产品做好、做强而门类又相对单一的企业。

这里我们也不要忘记在经济困难、粮食困难时期，为满足百姓需求，酒厂竭其所能开发的"花色酒"，如：以"红刺根"、橡子（是栎树的果实，含有丰富的淀粉）、"岗念头"为原料的野果酒，以"番薯干"为原料的薯干酒，

禹皇山和南厂区的一角

宁波大曲生产车间

慈溪酒厂河东老厂房

等等。想必现在上了年纪的"酒人",还能回忆起这段"皱着眉头喝酒"的经历。

酿造是一门古老的工艺,而现代酿酒既要懂科学,又要凭经验;酿酒又属于食品业,关乎百姓安全,人的嗅觉和味觉对酒的品质又十分敏感,逃不过老百姓对它的检验;哪怕在不经意的环节上疏忽也会导致全部走味变质。如 1957 春酿、秋酿黄酒各变质 50 吨和 80 吨;1972 年 11 月有白酒原料"岗念头"报废 125000 多斤,等等。尽管有失误,但他们始终没有停止对主打产品的追求。

主攻宁波大曲 立志登峰折桂

灵感终于迸发。慈溪酒厂找到了主攻方向——高酒度的、浓香型的、"老五甑"混蒸续渣法制作的白酒。这个主攻方向的确定基于宁绍地区尚无"牌子响当当"的白酒,大名鼎鼎的黄酒却不少,如果在黄酒上做文章,如同孙悟空翻不出如来佛的手掌;再加上"天元黄酒"声名在外,如果在黄酒上另寻蹊径,势必内耗。

慈溪酒厂连接河东河西两厂区的桥梁

50多年前的冷却水塔和过滤池

慈溪酒厂老厂区南侧

因此定位白酒是明智的决策。

在酒度上,宁波大曲开始生产是60度,后来因国家不提倡高酒度,而转产为53度。酒度的高低取决于酒精(乙醇)的含量,乙醇越多,酒度越高,酒性越烈。酒度又因各地的饮用习惯和制造习惯的不同而相异,北方以60—65度为多,南方多为38—53度。从酒质来说,在53—54度之间,酒分子与水分子的亲和力最强,酒的醇和度好,酒味最协调。白酒发展的方向之一,就是降低酒度。但降低酒度会出现混浊现象,而且影响白酒的固有风味。因此宁波大曲定于53度。

在香型上,宁波大曲选择了浓香型。白酒的香型主要有清香型、浓香型、酱香型等,是由不同的生产工艺制成的。宁波一带消费者多喜浓香型白酒。

宁波大曲沿用我国正传的"老五甑"混蒸续渣法酿造。所谓老五甑法,就是将窖中发酵完毕的酒醅分成五次蒸酒和配醅的传统操作法。在正常情况下,窖内有四甑酒醅(蒸煮后发酵好的物料),即大渣、二渣、小渣和回糟各一甑。这

工人们乐于在宁波大曲荣誉柜前留个影

是我国浓香型白酒生产中的一种传统工艺。宁波大曲的酒醅料就是向东北采购的优质糯高粱，并用上等的大、小麦为糖化发酵剂。

设定了主攻方向后，通过工人们艰巨的努力，宁波大曲终于带着浓香从蒸馏池中缓缓流出，与世人相见。1976年9月宁波大曲研制成功并投入批量生产。首批宁波大曲在北京3家名店试销时，即被争购一空。然而1975—1977年宁波大曲出酒率是很低的，每百斤粮食仅出5—6斤酒，而且酒质也不见得好。这样的生产注定是亏本的，亏本就缺乏了生产的商业意义。究其原因，酒厂职工文化水平普遍偏低，缺乏研究能力，做酒时完全沿袭陈旧落后的工艺。如果说陈旧的老工艺在制作传统黄酒时尚可应付，但要创制一种新的白酒是根本不可能的。情势逼人，时不我待，于是他们立即成立了以徐加宝为组长的"宁波大曲攻关组"。徐师傅是1945年出生的鸣鹤人，高中毕业于龙山中学，之后当教师，1977年进慈溪酒厂工作。在当年的酿造业中，他的文化水平是属高的。徐加宝可谓临危受命。

据徐加宝师傅回忆，进厂后领导就命他抓紧学习研究，在不降低酒质的前提下如何提高出酒率。为了不辱使命，他先后6次去上海七宝镇酒厂、7次去江苏洋河大曲酒厂取经，又去江西樟树四特酒厂、四川曲酒厂、淮北口子酒厂等参观，还去天津工业学院学习。这样在干中学、在学中干，自己厂里的出酒率也总算达到了55%。后来徐加宝被提升为分管技术的副厂长。

出酒率提高后专攻提升酒质。他们把改良制曲工艺作为提升酒质的突破口。这一狠抓让他们抓到了点子上，酒质也上去了。

产量增加、品质提高后，品优价惠的宁波大曲畅销各地，常年供不应求。1980年、1984年宁波大曲两度获浙江省轻工业产品百花奖；1983年获省同类产品第一名；1984年被评为省优质产品；1991年荣获"部优产品"称号，是宁波地区酒业中唯一获此殊荣的产品。

"天人合一"出佳酿

有道是："谋事在人，成事在天。"有人言："佳酿天成。"说的是天人结合的重要性。"白洋"缘何出佳酿，我想是"天人"共同发挥了作用。所谓"天"，就是"白洋"的优质湖水，所谓"人"就是领导和工人。他们的作用大小没有位次前后，三者相辅相成。

慈溪酒厂引用的是四明山余脉的天然白洋湖水，水的源头是大黄山泉水。据载，白洋湖旧称旧阳湖，亦称白湖，系古代潟湖，它像一块镶嵌在群山上的玉镜。晚清诗人姚燮留下"空水了无翳，天色浮之莹。一碧曳山远，薄岚含渐暝"等颂白洋的诗句。白洋湖水清纯甘冽，水质软而富有矿物质。酒厂把它抽到禹皇山顶后再进行严格的净化处理，使其达到饮用水的标准。

但这里顺便指出的是，目前的白洋湖水质已出现富营养化情况。据说这与近年来附近山地普种"雷竹"有关，因为为提高售价不菲的"雷笋"产量，在"雷竹"地上都施了厚厚的猪粪和砻糠；加之这几年来农户普遍使用了煤气，沿湖的腐叶烂枝不再作为柴薪消费掉，雨水带着这些污物大量流入湖中。

慈溪酒厂河西老厂房

宁波大曲是宁波市烟糖公司、慈溪县烟糖公司、慈溪县工业局联合打造的品牌。其中烟糖公司负责包销，只要把住质量关，宁波大曲的销售网络就完整且顺畅。主管生产的是慈溪县工业局。从县工业局的几任局长、分管酒业的干部到厂长都非常重视慈溪酒厂的生产。如当时的毛伟良局长，经常过问生产与质量；分管酒业的老干部是体弱多病、工作却认真负责的范思慈，他对宁波大曲开发研制工作非常重视，不仅"三天两头"往鸣鹤场跑，处理酒厂遇到的各种问题，有时还抱病带领攻关组的同志去江苏、上海取经。1958年就出任的"南下干部"老厂长毕可良，二十年如一日，一心扑在事业上。后任的厂长陆巨康、高大江、岑祥康等同志也都一样敬业。

当年该厂的200多位工人都是踏实肯吃苦、精诚团结，他们在严冬酷暑里年复一年地奉献自己的才智，挥洒着汗水。制曲是个十分艰巨复杂的培养曲菌的过程，稍有不慎，便会前功尽弃。其中让人感动的精神和事迹也正表现在制曲的活儿上：

黄酒制曲（白药）需要一种"辣蓼"，而采集较多的辣蓼需要上余姚"南山"去寻找，厂里派去10多人翻山越岭寻觅收割，风餐露宿，辛苦自不待言，工人们从不叫苦。做"白药"时，为了赶进度，需全厂搞"突击"完成。要做"白药"的前一天，只要小黑板上粉笔一写通知，翌日凌晨四五点钟工人与行政人员无一例外、不约而同地赶到厂里动手就干，待上午的上班时间一到又各自上岗不误；傍晚也一样，下班后再干到晚上。这可没有加班费呵。当年的会计主任陈晓英、行政人员高慧菊对我说："如果不这样做，我会过意不去的。"

慈溪酒厂宁波大曲部分瓶贴

业内都知，酿白酒，先学制曲。他们先将占总量20%的红高粱、50%的小麦、30%的大麦磨成粉拌和；然后把这些压制成约35cm×22cm，重7—8斤的砖状方块；再将"砖块"齐排到不通风、室温保持不低于40度和控制一定湿度的发酵室内一个月。其间为了使每块"砖"发酵均匀，要不断改变砖块排放的位置，并观察"水花（即出毛）"的情况。制曲往往在炎夏，有时室温达到50—60度，翻"砖"时的又苦又累又热，可以想见。一次制曲往往要用上1年，在这种关键时刻徐加宝副厂长当然不会放松，他不仅身先士卒与陈乃聪、王聪其等师傅赤膊上阵，而且时时刻刻监视着发酵情况。

他们还实行了评酒制度：先按生产要求成立6个操作小组，每组都有工人代表参加。先在操作小组之间评比，最后每月一次召开由组长参加的评酒会，评出前3名。评酒小组在质量把关上发挥了重要作用。

这样的场景使人真正体会到了什么叫"齐心协力"。总之领导与工人的共同目标是：把宁波大曲酿制成"无色清亮、醇香浓郁、醇和爽适、回味香甜"的白酒。这16字目标也正是宁波大曲的品位。

1985年12月根据浙江省、宁波市有关部门的批复，慈溪酒厂年产500吨宁波大曲生产技改续建工程项目启动。该项目总投资100万元，计划在1987年9月全部竣工。从此宁波大曲真正进入了有规模的自动化生产阶段。

"一东一西"双星共陨

1963年后慈溪酒业开始形成了"三足鼎立"之势。即东部的慈溪酒厂、中部的浒山酒厂、西部的同和酒厂。1967年同和酒厂更名为慈溪天元酒厂，也为地方国营企业。之后慈溪酒厂以生产白酒为"行家"，天元酒厂以生产黄酒为"里手"，他们各有自己的品牌。而浒山酒厂兼营着糕点，产白酒不如慈溪酒厂，产黄酒亚于天元酒厂，后来改产啤酒，啤酒的"蛋糕"又做不大，只好作罢。这样慈溪酒业的格局成了"一东一西""东白西黄"的两极。

其实慈溪天元酒厂也是不可小觑的。天元酒厂的前身是同和酒厂，而同和酒厂的前身是桢和酱园，早先桢和酱园又是余姚致和酱园的分支。清末民国初桢和酱园在天元街东侧的美盛桥东堍建造了酒作坊。这个作坊场地一直是天元酒厂的厂址。因此天元酒厂是历史较久的酒厂。

天元酒厂靠河、近"国道"，交通方便。其占地面积15665平方米，1987年时有职工150多人，均约为慈溪酒厂的60%。

天元酒厂又是姚北著名酒厂，它也生产白酒，还推出过与慈溪酒厂遥相呼应的"宁波小曲"，但以酿黄酒著称，这就是三北有名的"天元黄酒"。

天元酒厂在研制新品种黄酒上也没少花功夫。1980年天元酒厂推出"竹叶青黄酒"，1983年增加了4瓶组合一体的"宁波四香酒"，1984年成功研制出"苏轼蜜酒"，1987年酿出"慈禧延龄酒"。特别是用纯蜂蜜酿制的"苏轼蜜酒"，营养成分齐全，蛋白质含量高，酒色如琥珀，清凉透明，甜而不腻、酸而舒爽、回味怡畅，堪称黄酒中瑰宝，1985年荣获宁波市和浙江省轻纺工业厅优秀"四新"产品奖。

可是，就在生产技改续建工程项目完成刚满10年后，在宁波大曲荣获"部优产品"称号还不到10年的日子里，慈溪酒厂、天元酒厂这样两个有潜力、有特色的地方工厂，也终于倒下。2001年改制完毕，两个酒厂整体出售……不过进入新世纪后，酒消费的格局也确实发生了变化，啤酒、红酒的销量增加，黄酒则萎缩。酒业向集约化方向发展。

在改制后的岁月里我数次去了慈溪酒厂，两次去了天元酒厂。我踯躅着，在废墟旧屋中寻味。宁波大曲、天元黄酒早已成为记忆中的浮华。那些高高的水塔和大烟囱，还有冷却池、过滤池，似乎还散发着淡淡的酒香；沙滩桥畔、美盛桥侧似乎还有船等待着美酒装运。

其实我写此文的主要目的很单纯：告慰曾为酒业操劳过的老领导、老工人，充实至今还记挂着酒厂的人们的记忆。

2015年12月9日

让毕昇欣慰的人们
——慈溪印刷厂回望

印刷术被称为神圣的艺术，号称"文明之母"，其作用毋庸我赘述。印刷业是随着经济和文化事业的发展而发展的。虽然印刷业不是当今工业发达之慈溪的强项，但慈溪发达的经济和文化事业需要精良的印刷品。回顾历史，地址在慈城竺巷口的慈溪印刷公司成立于1932年，从那时至今的84年发展历程中，成立于1959年的地方国营慈溪印刷厂，具有承上启下的意义，其作用不可磨灭。

从印刷小组到国营慈溪印刷厂

1948年14岁的竺恩茂小学刚毕业，从奉化到慈溪县慈城的正裳印刷所当学徒。这个印刷所只有4个人，老板是王云选。中华人民共和国成立时慈溪县供销社建立了印刷小组。1953年正裳印刷所和县供销社印刷小组合并成立慈城印刷合作小组，负责人为竺恩茂。那时慈城的解放街（原称直街）上有3家印刷所，其他两家是宝康和楼青，均为私营。一条街有3家印刷所，说明当时的慈城镇经济文化比较发达。后来宝康和楼青印刷所并入余姚民丰印刷厂。不要小看这小小的印刷所，它却开启了慈溪当代正规印刷的历史。

1954年6月慈溪县县治迁到浒山，而浒山没有印刷部门。一个县城不能没有印刷部门，而慈城印刷合作小组也因县治的迁出业务量骤然减少。这反而成了契机，是年底印刷小组从慈城迁到了浒山，同来的有竺国定、王成、王从龙、沈印舜、王云选、王万达等十来人。开始他们在浒山东门街双眼井头附近的夏炳炎糕饼店旁边，租了3间小屋开张营业，工人也有20来个，有3台脚踏圆盘印刷机。从此浒山破天荒地有了操着宁波口音的印刷工人。

1956年6月公私合营后，它改名为浒山印刷合作社，主任是竺恩茂。同年下半年迁至西门，在县人武部旁边购屋10间。此后工人增至30来人；圆盘机增至8台，又增添切纸机，并配备了4K对开机，能承印《慈溪报》；年印刷量达844.9万印，销售收入22458元。它终于成了慈溪现境内最大的印刷加工厂，印刷量和销售收入约占全行业的一半。1958年改名为浒山印刷合作工厂，为以后成为国营慈溪印刷厂的主体奠定了基础。

白沙夏振荣珍藏的老印版（2016年）

其实，20世纪50年代初期开办的还有观城叶福根的时代印刷所，周巷的华丰印刷所、周巷诸源祥和忻志豪的光华印刷所，泗门施传宗的建新印刷所，天元的邱瑞余印刷所。

据原印刷所老职工陈士俊、黄冬梅回忆，观城时代印刷所在观城东街有屋十多间，员工近30个，负责人罗祥水、叶宏泉、钱庆耀等，工人陈士俊、胡祖尧、龚其开、董彩花、张银儿、李平红、胡松涛、陆义良、祝松发、徐伟、孙学明、孙学其等。周巷华丰印刷所由顾荣堂创办，开始时职员6人，后来史济训曾任负责人。邱瑞余早年从鄞县邱隘迁来，先在天元街经营米厂，1951年经营印刷厂，其子邱忠梅接替印刷厂，其孙邱孝康后来也进了慈溪印刷厂，可谓一家三代操印刷业，这在慈溪不多见。合作化时期周巷光华印刷所、泗门建新印刷所、天元邱瑞余印刷所并入周巷华丰印刷所。

据《慈溪县国营工业志》载：1956年底，属本系统管理的公私合营和合作企业总计15家，其中印刷业有4家，说明印刷业并不弱。1959年浒山印刷合作工厂、周巷光华印刷所、观城时代印刷所合并为慈溪印刷厂。地方国营慈溪印刷厂就这样诞生了。

慈溪印刷厂建在329国道边，后来的环城南路35号，占地面积6000平方米，它原是慈溪炼焦厂的厂址。上了年纪的人都记得1958年大喊"大办工业"的口号，各地出现了"一间草舍一口锅，操起铲子就开工"之类操之过急的状况，慈溪一哄而上办起了炼钢厂、炼焦厂、陶器厂、造纸厂、水泥厂、炸药厂、人造棉厂等十多家地方国营工厂。不久大部分工厂陷入困境，难以维持，不少厂几个月后即名存实亡。慈溪印刷厂却在炼焦厂的废墟上应运而生。

慈溪印刷厂健在的老工人：左起祝松发、陈仕俊、张正良、王承林（2017年）

慈溪印刷业曾两度归口宣传部，最初属于新华书店，后来一度属于慈溪日报社。慈溪现境内的《慈溪报》于1955年元旦创刊，1958年9月1日更名为《慈溪日报》，1960年8月17日复名为《慈溪报》，1961年2月11日《慈溪报》停刊。就在这期间，即1960年1月到1961年2月，慈溪印刷厂更名为慈溪报社印刷厂。《慈溪报》停刊后慈溪印刷厂复名，并继续生产发展。

后《慈溪日报》又复刊，并于1991年12月自建印刷厂，因此在慈溪印刷史上有前后两个慈溪日报印刷厂。2005年这个后建的慈溪日报印刷厂更名为慈溪日报报业有限公司印务中心。现在这个印务中心是慈溪市印刷业中一支劲旅。

在"文革"期间，强调工人阶级领导学校，于是1969年慈溪印刷厂接管慈溪实验小学，并一度改其名为慈溪印刷厂五七学校，又在校内办了印刷厂——慈溪实验小学印刷厂至今尚在。

据《慈溪县志》（1992版）"1987年工业行业分类表"载：印刷业乡以上生产企业有22个。另据载，1988年供销社系统中印刷企业有浒山包装印刷厂、横河印刷厂、庵东印刷厂，属县特产公司的特产公司综合厂也有印刷业务。又据《慈溪市志》载：2008年"印刷业和记录媒介复制业"有企业法人225个，主营业务收入58316万元；已配备如数控喷墨印刷机和全自动高速四色胶印机等先进设备。

寻找慈溪印刷业的滥觞

杭州（临安）历来是中国的刻印中心，宁波及绍兴在我国印刷史上都占有

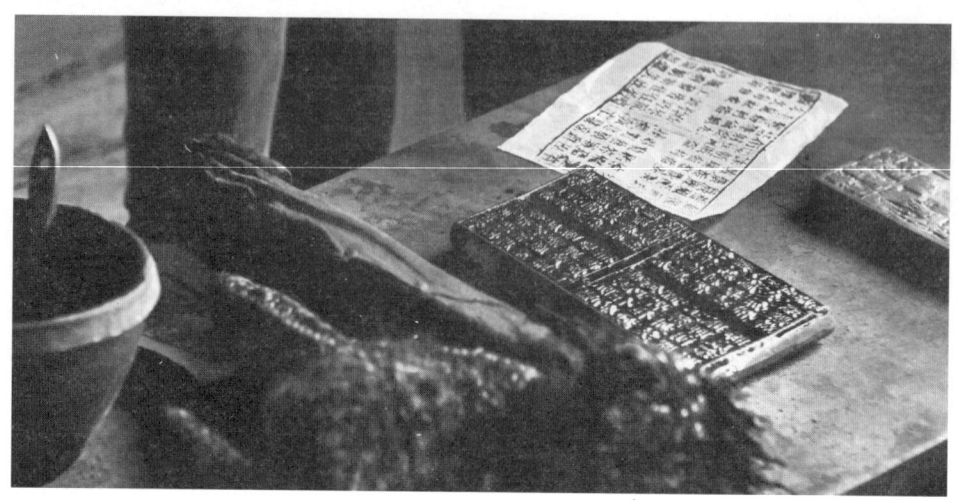

遗存的木活字（2000年）

一席之地。张秀民著、韩琦增订的《中国印刷史》上说："清代刻书要地"有北京、苏州、广州、佛山、四川德格、西藏。此外，"浙江之绍兴、宁波、余姚、慈溪、嘉兴，江苏之扬州、镇江……无不有刻书书坊或善书局，有的至民国初继续出版……"

地处宁绍之间的余姚、慈溪不仅幸受出版之惠，而且本地也刻书。如余姚县刻的《资治通鉴》、余姚宋氏印的宋玄僖《庸庵集》、慈溪叶元垲印的姜宸英《苇间诗集》等等都是载入印刷业史册的。

但对慈溪普通百姓影响最广的，还是家谱及"如牒""红印子""春牛图""灶王"等等。

农村修谱一般都在秋后，哪村要印谱，谱师就会带上整套印刷工具，吃住、干活都在该村的祠堂，直到一套家谱印刷完成。

"如牒"又称"树牒""图牒"或直称"佛"，这是慈溪方言的称呼，常见的有"十人六百佛""四姓八佛"等。它用木刻版由毛边纸手工印成，再将单页折叠成简牒状塞入一只外套中，供"老太婆念佛"时传递或"点红"，最后用于祭祀时烧供。白沙路乡土文化爱好者夏振荣先生，至今仍藏有"如牒"版一块。儿时他常与母亲一起用此版印牒，印后自用或送人。自然也有很多人是待"客"而沽的。目前在胜山、百良桥等地仍有印"佛"的作坊。

"红印子"一般尺寸不大，多用红纸墨印，如图案化的"福""喜"字和以太极八卦为中心的"吉星高照"图，春节时贴在门楣上。也有"姜太公在此百无禁忌"条幅贴于门户，盖新房用时贴"上梁大吉"等条幅。

"春牛图"以象征农事的春牛为主图案，纸上还列出二十四节气和"每日宜忌"等，贴在墙上具有日历的作用。幼年时我在浒山城郊的外婆家遇到过推销春牛图的人，舅妈给其一盅米，他给舅妈一张春牛图。

"灶王"，慈溪人叫"灶君菩萨"，贴在灶上烟囱边，它多为套色，也有手工填色的。据浒山的老刻字工回忆，当学徒时先从刻"灶王""如牒"开始，用的板材大都是白杨树、黄杏树。刻好的版每块约值10斤大米。印刷时常用烟囱里或锅底的"乌煤"。

早已弃用的铅字与锌版（2010年）

慈溪实验小学印刷厂用过的铅字盘（2010年）

恍若隔世的石版印刷（2001年）

上述印刷品除了家庭自印外,乡镇上的画店、印坊、纸铺、刻字店也往往兼作,据说浒山西门"老雕花"郑尧生师傅之子郑永增也兼营过此业。

显然,我所不了解的慈溪早年民间印刷活动还很多。

听老"印刷人"娓娓道来

古时,凡有痕迹着于他物,皆谓之"印";用刷涂泽之,称之为"刷";印书时多用刷子来施加压力,故称为"印刷"。印刷技术的发展,说到底是印版和压力方式的不断科学演进。现在人类已掌握多种多样的印刷方式,有代表性的有凸版、平版、凹版、孔版印刷等。上述的木刻版、活字版都属凸版印刷。凹版印刷的原理恰好与凸版相反。孔版印刷就是使油墨透过孔洞印到纸上或其他材料上,如常见的丝网印刷等。

石版印刷是典型的平版印刷,简称石印,它在鸦片战争前后由传教士传入我国,清末时盛极一时。我的忘年之交童茂遐先生年轻时在浒山东门诚心桥头附近开过石印作坊,用石版印刷扇面等字画。童茂遐(1923—1996),字千里,1941年宁波效实中学初中毕业入上海师承中学,肄业后考入上海新闻专科学校。辍学后在上海《自由论坛报》任校对一年。后读余姚师范,毕业后曾在白沙小学教过书。失业后搞石版印刷以谋生。石版印刷全为手工,很辛苦。老童于1948年前后搞石版印刷在浒山是开先河的。党的十一届三中全会后,童茂遐

久违的古法手工印刷(2015年)

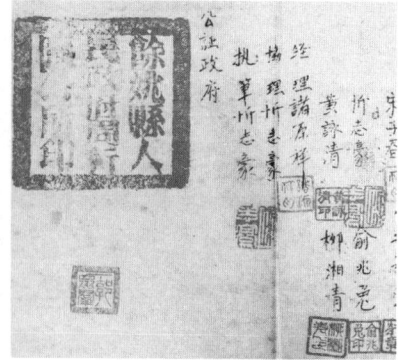

1951年的周巷光华印刷所合伙协议的局部

慈溪印刷厂的大门口（1975年）

获得新生，历任慈溪第三、四届政协委员，政协文史办公室主任，慈溪书法篆刻协会副主席，三北书画院副秘书长等职。

到了20世纪50年代，慈溪县文化馆利用石印印刷过海报等字画。小时我在文化馆见过厚厚方方、表面十分平滑、被俗称为"吃墨石"的石版。为了将石印过程写得简要又无误，我除了阅读，还多次请教当年搞过石印的原县文化馆资深画家马开达先生：先用富有胶着性的药墨，写字画图于特制的药纸上；再将药纸覆于石面，用强力压之，使药墨粘着石面；揭去药纸，拭之以水，水未干时即滚上油墨；敷上纸张压印之即成。石印利用的是油水不容的原理：石版上要印的图文部分亲油疏水，即能附着油墨而排斥水；不印的空白部分则亲水疏油。据载，这样的石印竟然不雕版能印书画，在当时被视为新奇事，而且印出来的细节清晰度远远超过传统的雕版和木活字。因此到19世纪中叶，传统的雕版和木活字印刷日趋衰落。

但是石印有着不可避免的局限性，而活字有仍可以改进的优越性。人们发明了铅活字后又不断改进，这使铅印成了现代印刷的重要手段。现代铅活字由铅、锡、锑三种金属材料合成。掺入少量的锡是为了便于铅字的铸造和切刻，加进锑是为了增加铅字的硬度。随着印刷业的发展，铅字使用量越来越大，后来铸

老工人陈永祥与切纸机（2000 年）　　　　　老工人张正良的刻字老工具（2017 年）

字机应运而生，手工刻字越来越少。

　　1936 年 2 月出生于长河的张正良师傅 13 岁去余姚金石斋学刻字，17 岁在余姚街头摆刻字摊，1954 年新的慈溪县建立后到浒山中街开了"正良刻字店"。1958 年《慈溪日报》接收慈溪印刷厂时张正良进入该厂。当时虽然已有铸字机，但限于成本和设备，正良师傅的刻字活儿仍不少，如报头、临时用的图案、特大号字、整个大标题及个别缺字还得在木板上或铅坯上手工赶刻。那时虽然已有了"烂锌版"的工艺，但慈溪还不具备，去外地加工时间也来不及。

　　后来刻字的机会愈加减少，正良师傅的精力主要花在铸字（浇铅字）上。最早浇铅字方法是，用勺子舀取在锅中熔化的铅合金，浇入铸模中，再从铸模中拿出铅字，切去"尾巴"锉平锉光，如此一天大约能铸数百个字。后来出现了手摇铸字机，每天能铸字逾万。再后来，改进为全自动铸字机，每分钟能产字超百。

　　无论如何，铸字工都无法避免与铅的接触，特别是当年落后的铸字方法，更让铸字工与铅高度接触，久而久之张正良患上了严重的铅中毒病。他骨瘦如柴，全身无力，皮肤发黑，嘴唇发紫，厂里送他去杭州职业病医院治疗，每月发营养费 6 元。为了"脱铅"，张师傅出院后又管了 5 年的传达室，1979 年 10 月 46 岁的他因职业病而提前退休，目前健在。

　　除了铸字工外，排字工也容易患铅中毒。上学时我参观过慈溪印刷厂。过去的银行也是印刷品大户，进银行工作后我也经常去印刷厂公干。我最喜欢观看的是铸字、排字和印刷车间。后来体会到排字工作虽然是安静无声的,但其实是很费劲的。在他们手上一篇篇稿子变成一本本漂亮的书籍,他们为传播文明付出了辛劳,也是我们可敬的人。好在,又一个新印刷术的发明,让他们真正"脱了铅"。

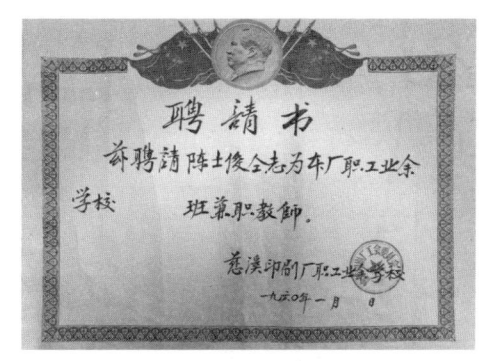

1960年1月陈士俊聘书

上面讲的是有关制版的事,接下来说说印刷的事情。我们不应忘记慈溪印刷厂在革新印刷机方面曾经闪过光。20世纪60年代初在工业战线掀起大搞技术革新的热潮,1964年慈溪印刷厂开始革新圆盘印刷机,直到1980年前后全自动圆盘印刷机研制成功,这让该厂火了一把。

一个首先发明印刷术的国家,在近现代反而落后了。1959年建立的慈溪印刷厂是个"三老三少"的厂,即机器老,大多是解放前的脚踏圆盘印刷机,有的是兄弟单位拿来的报废机子;人员老,除了几个学徒外,其余都是老工人;厂房老,大都是原炼焦厂留下的工棚。"三少"是设备少、人员少、厂房少。当时使用的是脚踏圆盘机,一人只能管一台机子,双手双脚并用,每天只能印8000张。因此首先要在圆盘印刷机上突破。厂里成立了技术革新小组,由竺国定、陈士俊、胡广灿组成。其中竺国定是竺恩茂的侄辈,但比陈长1岁,1946年就在慈城从事印务。在革新中竺国定以机修为主,陈士俊以试印为主,胡广灿以采购为主,他们千辛万苦,努力把15台脚踏机革新成半自动机子,大大提高了印刷效率。1965年慈溪印刷厂年印量达到7077.15万印,比50年代的年印量增长近9倍。

他们没有停止革新,最后将圆盘机改进成可以一人挡三台的全自动机器。1978年4月在宁、绍、舟三地印刷工作会上,慈溪印刷厂作了题为《在斗争中不断实践,不断提高——我厂自动圆盘机印刷的情况》的发言,同时还有该厂挡车工马忠汝、陈士俊、盛再维以《我们"一人挡三台"的做法》为题作了发言。1985年10月陈士俊又在业内的《情况交流》上发表文章《提高自动圆盘机看台率的体会》。1987年慈溪印刷厂年印量达到15719万印,比1965年翻了一番多;工人增加到了164人。

陈士俊师傅是我去年义务拍摄金婚时邂逅的。他1932年8月出生于观城南门头，从慈湖中学初中毕业后又在效实中学求读，辍学后参加工作，曾当过业余教师。在1990年退休时荣获了浙江省包装技术协会包装印刷委员会颁发的"从事印刷工作30年以上，为我省印刷工业作出贡献"的荣誉证书。

在多次采访中陈师傅向我娓娓而谈：

印刷厂是特种行业，对工人要求较高，每人都要到公安局备案。它关系到历来被重视的党的宣传和舆论工作，有些文件密级很高，达到绝密级，这要求我们嘴巴要谨慎。当年生活"百样凭票"，需要印制很多的票证，加上常用的凭据，这要求我们的手干干净净。

不时地有很多的政治任务下来，需要加班加点赶制，如"两会"召开前，新的运动掀起时等等。有时经济业务也要作为政治任务来抓，如那时慈溪产的豆面（粉丝）用稻草包转香港出口到日本，日商改成用漂亮的塑料包装，再返销到中国，赚了大钱。为了不使日本商人钻这个孔子，我们也要学会印塑料包装，就这样我们用完成政治任务的要求，解决了这个问题。

慈溪印刷厂部分骨干合影，右5为厂长朱培军（1991年）

我们搞革新时经常没日没夜地干。把圆盘机改进成全自动后，接着又着手改进成方箱印刷机，使印刷幅面由16开增大到8开。这样的机子当时全国只有上海和慈溪两地有，1979年获得慈溪县科技成果三等奖。第二年在车间主任景石丁师傅带领下，革新上蜡机、电化铝印刷机成功，也获得了三等奖。当时的革新都是在不耽误生产的情况下完成的，无分文奖金。

陈老又说：在当时"唯成分论"的极"左"思潮盛行，我家庭成分不好，但我以真诚待人、忘我工作、踏实钻

慈溪印刷厂1992年的中秋晚会

研的态度取得了成果,赢得了领导和群众的好评。当年技工工资最高是八级,而我从八级延伸到八级半,月工资约58元。加半级虽然没多少钱,但这是对我的肯定。

1958年26岁的我结了婚,仍住在厂对面的工人宿舍里,宿舍是茅屋,慈溪人称草屋为"草舍"。我们就这样真正"宿"在"舍"里,现在回忆起来反而增加了幸福感。

陈师傅的话也激起了我的回忆。过去县农行是慈溪印刷厂的大客户,这使我在慈溪印刷厂有不少熟人:景石丁在部队当工程兵,能吃苦耐劳,动手能力很强,1969年复员到慈溪印刷厂,后任机修车间主任,他还是我的老邻居。陈永祥人称阿祥师傅,1979年进厂,后任保密车间小组长,年年是先进,曾3次被评为慈溪市劳模。叶裕瑞,姓胡塘头人,排字工出身,后任供销科科长、副厂长。朱培军工作热情、细致、负责。胡可丰是该厂唯一入"正册"的美术员,我每次去厂时都要与他切磋一番,等等。

慈溪印刷厂从1959年建立到1998年改制、厂名注销,凡38年,先后共有10任左右的厂长、书记。第一任厂长罗祥水,第一任书记史济训。末任厂长朱培军1943年7月出生,1969年3月部队复员到慈印,做过铸字工、校字工、切纸工,历任车间副主任、供销科副科长、副厂长、厂长、书记。1985年12月他经过国家厂长、经理统考合格,1986年1月任厂长。1994年被授予工业经济师职称。1982、1987、1994、1995年被评为慈溪县(市)优秀共产党员,1990年被评为慈溪市优秀厂长、市级先进工作者等。

三十八年,一段不短的历史。慈溪印刷厂为慈溪的发展作出了有目共睹的贡献。其中许多工人、领导作出了默默奉献。限于我写作的时间、采访的程度、文章的篇幅,无法把他们写全,感到抱歉。

到了2000年前后活字印刷已淡出人们视野,旧的印刷术只存于博物馆,印刷业已进入全新发展阶段。据不完全统计,至今慈溪市有大小印刷厂不少于300家,其中规模较大的有凯丽、福山、东海、德邦等企业。

2016年6月29日

让彩云飘在头上

——记国营慈溪金丝草帽厂

欧美国家的 party，常常会被一朵朵彩云般的帽子所掩映。百年前西方的婧女名媛更注重选择夸张的帽子来展示自己之高贵身份。不管是美国罗斯福总统的夫人，抑或是英国伊丽莎白女王，都喜欢戴金丝草帽。同样，无论是法国野兽派代表画家马蒂斯（Matisse,1869—1954）还是立体主义画派创始人毕加索（Pablo Picasso，1881—1973），都画下了大量戴帽子的肖像，其中不乏戴金丝草帽的——我想这些金丝草帽，好多就出自我们当年三北农妇的双手。

一 金丝草帽之尊贵

金丝楠木是木中之上品，金丝猴是猴中之珍稀，金丝玉是玉中之佳玮，而金丝草帽则是草帽中之尊贵。

金丝草帽的尊贵首先来自它的材质。

从民国36年（1947）七月廿六日"上海盈丰华行"的一页公函（标点由笔者加）"径启者，查敝行经营金丝草帽（Baku Hats,Paribuntal Hats）出口运销欧美澳三洲，迄今垂十余年，其原料（Buntal Fibre）向采自菲烈滨热带之地，在国内余姚、宁波两地编织成帽。兹因原料存底告罄，业已向马尼剌（Cathay Co.）订妥乙批计五仟公斤。除正式填具申请书向输入临时管理委员会申领进口许可证外，拟请贵会具

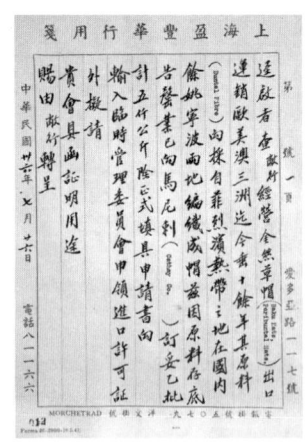

民国36年上海盈丰华行申请金丝草进口许可证的函

函证明用途，赐由敝行转呈"中看出，函的中文是毛笔手书，英文用打字机。"Baku Hats"是巴库帽，"Paribuntal Hats"可以译作"二根芯的金丝草帽"，其原料"Buntal Fibre"可译作"金丝草"（后来产品册中金丝草帽英文写作Bakou & Parabuntal)。上海盈

从菲律宾进口的金丝草

丰华行于民国18年（1929）二月开设，负责人马仲达等，主要经营草帽、畜产品等出口。

查权威的《汉英词典》（商务印书馆1978年版），"草帽"译作"Straw Hat"。据释，"straw"作名词时是"稻草；吸管；麦秆；不值钱的东西"。而金丝草帽是"Paribuntal Hat"，看来两者有贵贱之分。

金丝草帽之草材抽取自菲律宾野生棕榈树叶中的筋（许多记载中都把它写作"茎"，笔者以为不妥）。这种棕榈树有2米多高，是菲的特产。抽出的叶筋，经过漂洗、晒干、敲软、选拣等加工工序，其色泽淡金黄、粗细均匀、软硬适中、干净光滑、富有弹性、韧而抗折，每根长为1.2米左右。它天然是编织精细物的好料，只是与其他草料相比显得太细，编织时比其他草料费时费神。而细恰恰是它的优点之一。

能编织草帽的其它草料很多，如蒲草、麻、麦秆、咸草、龙须草、稻草芯和后来发明的用纸头人工仿制的纸草等等至少十几种。而在我们浙东一带用席草（即蔺草）编帽最常见，家乡的农民都戴这种帽子。说实在的，用这类草料制成的草帽都较粗俗，主要满足真正需要遮阳避日的人之所需。如果说这类草帽多为体力劳动者所顶戴，那么金丝草帽多为有闲的雅士淑女所装饰；如果说这类草帽是"劳保用品"，那么金丝草帽是装饰工艺品。

人们在制作和购买工艺品时总是追求它的自然品质，主张"因材施艺"和"相物而赋形，范质而施采"，这就是所谓"天趣性"。特别是西方人士，更是喜好能显露材料天生丽质又包含着人之活化劳动的纯手工制作的用品。金丝草帽

正合这种自然天真、恬淡优雅的情趣。

据原浙江经济所编写的《浙江沿海各县草帽业》（民国20年稿）载："编帽之原料，概取自草类，以其质柔韧细结，既宜编制，亦复美观。惟草之上乘者，多出自国外，如金丝草、玻璃草；稍次者，如麻草等均是……外草之来源有二，来自欧洲者，如玻璃草，产于瑞士、德意志；来自南洋者，如金丝草，产于马尼拉；麻草则遍于小吕宋。"

金丝草帽的尊贵又来自它的精良制作。

草帽的编织不是机械化生产，每一顶草帽都犹如一片树叶，没有完全相同的，因此有着手艺高低的差别。因此收帽时严把质量，是关乎金丝草帽能否出洋远销的大事。

金丝草帽制作过程复杂，工序大致如下：拣草（分拣）、检草（检查）、编帽（编成坯帽）、缴帽（坯帽缴付，对帽厂来说是收帽）、剪帽（剪去坯缘余草）、漂洗、晒帽、磨帽（用磨帽石磨）、烫帽（用熨斗烫平）、修帽（修边）、装帽（包装）。

其中编帽是中心环节，并且在千千万万的编帽人各自的家中完成，因此金丝草帽收发站的伙计们，对每顶帽都会严格验收，妇女们也怯服于验收；缴帽以后的工序均在帽厂里完成。其实，编帽环节之前的2个工序只是准备，之后的8个工序是帽的美化。其他草帽都没金丝草帽这样工艺复杂。

因此打过金丝草帽的人都说：只要金丝草帽会打的，其他草帽就"样样会打"（家乡称"编"为"打"）。

金丝草帽工艺技术也由一根芯式编织法发展到双根芯、三根芯、留空芯、重叠芯、辫编芯式等编织法。

金丝草帽的尊贵成于三北妇女的心灵手巧。

在加工金丝草帽之前三北妇女多善编织，包括织布、织带、打席、编扇等等。在当年家乡，不会编织的姑娘，会成为难嫁之"剩女"。但会编织普通草帽的不一定即获编织金丝草帽的许可。欲编者必须先请一个会打金丝草帽者作为介绍人，试打一顶合格后，才能取得金丝草料的"发放证"（家乡人称其为"执

帽楦头和量帽的市尺

磨帽石

手工精编的金丝草帽

子")。凭执子到草帽收发站先领取定量的金丝草,各自回家编成坯帽后,又上收发站缴付。家乡土话称"缴"为"解"(音近"伽"),"解帽"即缴帽。坯帽验收合格,再付劳务费。

早年浒山的金丝草帽收发站设在东门街"双眼井头"(后为工人路口)对面的朝北店屋里。我童年时每天经过那里,总是见店前"解帽"队伍排得老长老长。

编织金丝草帽几乎不用工具,只凭巧手一双;最多也就一个"帽楦头"和一把市尺而已。帽楦头的大小如人之头型,其作用和材质等同"鞋楦头"。编成的金丝草帽要用帽楦头撑实帽的中空部分,使帽的外观好看;市尺用竹片做成,过去每位主妇都有。记得我家无帽楦头,需时借用于邻居。

我母亲有双巧手。她退休后经常不凭样图、不打草稿剪纸,唰唰几下剪出各种花样。她出身城郊乡村,年轻时与其他村姑一样善打金丝草帽。先父早逝后,家道骤然中落,在中华人民共和国成立初的"公私合营"中,母亲作为"资方代理人"进入公司工作。母亲有6个子女,仅靠母亲的"小工资",家庭入不敷出。坚强的母亲白天辛苦上班，下班后忙理家务，晚上点着油灯打金丝草帽，以补贴家用。至今想到此景，我总潸然泪下。她打金丝草帽难免停停打打，歇手时就用干净的毛巾盖在帽上，就怕我们弄脏它。如果我不小心把做作业的蓝墨水沾到帽上，母亲肯定会哭。因为若帽上留下洗不净的脏迹，母亲的草帽"执子"就会吊销，还要赔款。

在慈溪，如我母亲者不乏其人，在长河一带更有由打帽炼成的帽业"女能人"。翻开《慈溪县国营工业志》的第十章附录中的"（一）重要往来"里第一条就记录了："1957年2月16日，天元金丝草帽供销生产合作社理事主任陈爱娥，出席全国第一次手工业生产合作社代表大会。"此记录为我至少提供了两个可靠信息：一是天元有名为陈爱娥的人，她肯定是打金丝草帽的高手；二是在当年众多的手工业生产合作社中天元金丝草帽合作社想必有着不菲的成绩（此大会，浙江省参加的代表和人员仅13位）。

今年87岁的陈爱娥还健在，我采访了她，觉得很有收获。陈爱娥，天元沙字地人，出身贫苦未上过学，年仅9岁就跟着母亲打金丝草帽。18岁那年陈爱娥"胜于蓝"，打出了她第一顶"超等帽"。超等帽长河人叫"翘顶帽"，是等级最高的金丝草帽。她母亲也只能打"头号帽"，一般人只是打"二号帽"，会打超等帽的人很少。第一顶超等帽"伽出"得到的钱，她父亲买到100斤大米，全家可高兴了。第一顶超等帽她打了10天，当然有时她还要下田干活，邻人夸奖说打超等帽的姑娘还要下田。

1952年心灵手巧的陈爱娥成了互助组的副组长、妇女主任，在农业劳动的同时担任打金丝草帽的辅导员。1954年10月在"一化三改造"的高潮中，天元成立了金丝草帽生产合作社——这是当年余姚、慈溪2县第一个金丝草帽合作社，打帽高手陈爱娥被选为理事主任。此后各地邀其介绍经验的很多，陈爱娥在外也

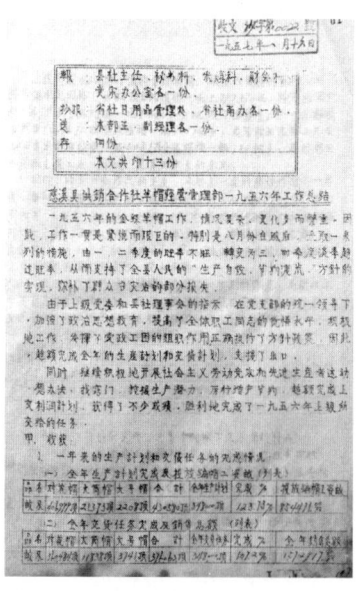

慈溪县供销社草帽经营管理部
1956年工作总结

出了名。不久余姚县成立了余姚、低塘、泗门3个草帽社，慈溪县成立了周巷、长河、天元、庵东、浒山、逍林、观城7个社。

陈爱娥的天元金丝草帽合作社，管辖了当年周潮区的天元、高王、潭南、潭北、潮塘、新界、百两"东7乡"。她每天起早摸黑，带上几块饼干和一把盐炒豆权作中餐，天天步行七八十里到各乡上门辅导，为普及和提高金丝草帽编织技艺付出了大量心血。1957年初，她出席了全国第一次手工业生产合作社代表大会。与会期间她在中央人民广播电台上用慈溪土话加书面话费力地宣读了自己的发言稿，没想到回家后她收到了"央广"汇来的5元稿费，那年她的月工资由16元增至24元。

陈爱娥的殊荣在同业中大概是绝无仅有的，这是慈溪金丝草帽业的光荣，也是三北劳动妇女的光荣。

二　金丝草帽飘落慈溪之长河

草帽属草编，中国草编的历史可追溯到河姆渡时期，甚至追溯到神话传说中的伏羲氏。据载，周代已有以莞（蒲草）编制的莞席了，而且当时已有专业的"草工"；汉唐时草编已很普遍，特别是分布在长江流域的草编很具特色。浙江是草编大省，而宁波是浙江草编的发源地。1915年宁波草编工艺品获得巴拿马万国博览会国际金奖，以后又在国际上多次获奖，这使宁波草编享有盛名。19世纪20年代宁波金丝草帽开始出口，它成了我国最早进入西方市场的商品之一。

尊贵的金丝草帽为何光顾慈溪的长河，这是值得回忆的。

长河早年被称为"长河市"，说明长河镇上商贸不凡。据称，长河古称"云和"，境域原为杭州湾之海涂。明成化七年（1471），先民筑潮塘御潮、结庐熬盐垦殖，渐成村落集市，故又称"长和市"。其历为姚北（余姚北部）之重镇，1954年划归慈溪县所辖。当时有民谣："姚北三件宝，棉花、白盐加草帽。"

据载清乾隆年间（1736—1795）长河附近农妇开始从事俗称"土凉帽"的草帽编织。"土凉帽"的编织为后来金丝草帽的落户打下了基础。

1840年鸦片战争后，英人看到宁波一带有编织蔺草帽的特长和习惯，认为可用金丝草来尝试。于是由宁波大同公司通过外商从菲律宾进口金丝草料，并请来洋工在宁波一带传授编织技术。不久果然发现有较好的销路。

民国12年（1923）长河帽商陆志尧从宁波永兴洋行引进金丝草，由陆志尧之妻和邻近其他十余个妇女试着编织，取得了成功。1925年初永兴洋行遂将从菲律宾购来的金丝草，发放给宁波西乡和长河一带妇女编织，果然编出了一批轻若云、亮似金、细如帛的金丝草帽，很符合国际市场的需要。于是后来打金丝草帽的人增多，本国商人和外商竞相经销，开始大量出口。

永兴洋行即法商永兴洋行，总部设于巴黎，1869年在上海开设分行。后增设于甬，即宁波法商永兴洋行。该洋行原址在今永丰桥（原名通途桥）江北侧的桥堍附近。其于1920—1929年在宁波地区经营金丝草帽。

此外，还有华商（华行）。据载，傅其霖开设的坤和出口行是上海首家以草帽出口为业的华商。1917年，傅其霖开始与英国客商建立关系，直接对英出口。1925年它在宁波、海门、余姚设有帽行，并相继与上海法商中西公司、美商亨利·泡力克公司建立业务关系，使草帽出口业务发展迅速。傅其霖，生卒不详，宁波镇海人，曾为第八任上海总商会会董。其他经营草帽业的华商还有联昌、江泰、

慈溪长河妇女缴帽的场景

瑞和、兹丰、福隆等洋行。

上文说的宁波西乡在哪？据我考证是今天海曙的集士港、横街、洞桥、古林、鄞江等乡镇。据说这区域在明朝时已成为宁波最富庶的地方之一。古林、鄞江一带盛产的蔺草及其编织品特别有名，故有"东乡一株菜，西乡一根草"之说。

相比之下，现在的慈溪长河镇一带，在当年，土地成陆年代短、可耕地少、穷苦的移民多，没有好的特产，要比宁波西乡贫困。虽然从清乾隆三十年（1765）始，长河妇女们也加工宁波西乡的蔺草帽；清同治十三年（1874）长河街上也出现草帽行；民国4年（1915）长河的土产草帽也送巴拿马万国博览会展出，但它毕竟是"土凉帽"。而金丝草帽则是迎合西人审美要求的出口创汇良品。

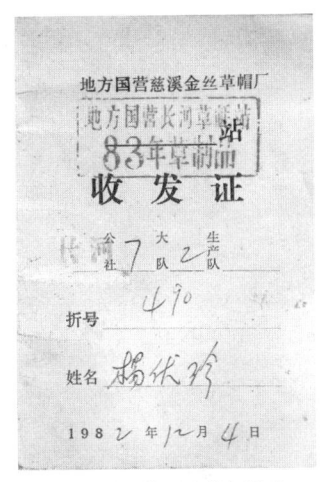

1982年缴帽时用的草帽收发证

我相信长河镇乡土文史爱好者提醒我的话：不是宁波西乡女人不会打金丝草帽，而是不愿放弃自己得心应手的蔺草产业。而长河人遇上金丝草帽的订单却如获至宝，这是因为我们实在太穷了，缺乏奋斗的门路。

金丝草帽飘飘而来，我们确实是如获至宝，我们也确实为之奋斗了！

我们凭着移民特有的御潮拓荒、结庐熬盐的不屈精神奋斗着！曾记否，有了这不屈精神，早期我们植棉、织土布以维持生计；清末民初以后土布被洋布打倒，生计来源式微，无疑当时就得抓住金丝草帽！

长河金丝草帽产销成功后，很快出现了兴旺的局面。美商中方代理人沈德佑与上海坤和洋行的宁波坤和商行联营，于1925年在长河承福庵设立了第一家金丝草帽商行即"坤和商行"，聘请长河方东村人卢福林为经理。这开创了长河金丝草帽本地出口外销的先河。据说有先人赋句曰："姚北天长卢家境，承福庵跟福真灵，凉帽当作大红顶，金丝帽行打头阵。"[1] 据传，乾隆皇帝钟爱长河一带的"天和"凉帽，并以此确立清代"大红顶"官帽样式。

---

[1] 摘自卢旦华《宁波草编风华二十七（25）》。

打金丝草帽是当年慈溪妇女最普遍的副业（1971年）

接着，长河的老草帽行开始经营金丝草帽，新的金丝草帽商行也纷纷开设。如大义房戎金荣、中街龚兴和、章家路陆志尧、东街戴家弄口范月堂的帽行，五进屋张善和的同春帽行，罗家北路的张氏庚记、龙记、沙记帽行等等都经营了金丝草帽。在此不一一列举。

说到经营草帽的行庄，据《浙江沿海各县草帽业》载："行家凡一百三十有三多，设于长河市、周巷市、浒山、坎墩、白沙、大牌头、郑巷等处。资本自二千起迄二万止，平均每庄资本五千余元……"

其中郑巷现在仍属余姚市，其他现均属慈溪市。

从1926年至1937年，长河金丝草帽生产步入了鼎盛时期，从而也让长河成了浙江最大的金丝草帽集散地。长河有了"十里长街无闲女，家家尽是编帽人"的描述。

据载这一时期余姚全县约有2.5万户人家、7.2万位妇女从事以金丝草帽为主的编织，年产金丝草帽120万顶。这极大地解决了农村妇女劳动力的出路，一定程度上改善了老百姓的贫困生活。

当年每顶金丝草帽编帽报酬为3—4银元，折合成大米约80—90市斤。一位妇女按稍快的打法，每星期能打2顶左右。金丝草也有粗细之分，粗草当然打起来快些。假定辛苦地打，每人每月打10顶，报酬为约30—40银元。据说报酬最高的是1930年，每顶达到4—5银元。这对贫苦百姓来说，真是好行当，它大大超过男人为主的农业生产收入或女人为主的纺纱织布的收入。

更何况能吃苦耐劳的农妇们总是起早摸黑地打、趁着间歇打、利用农闲时打；打毕即去缴、缴后随即领（领取草料）、领到立马打、打好再去缴，没有一刻空闲。幼年时我去外婆家每每能看到这番情景，3个舅妈也总是这样忙碌着。

1957年赴京参加全国手工业首次代表大会的浙江13位代表，前右二为陈爱娥

1957年6月天元金丝草帽社成员合影，男是收发员，女是辅导员，陈爱娥（26岁）后排中间

余姚私立草帽业小学（长河草帽业小学）

因此也就有了"水稻是米缸，草帽是钱庄"的俗语。

还有一件值得回忆的事。20世纪30年代初，长河草编妇女还用自己的双手编出了一所崭新的小学。当时，草编妇女深感自己无文化的痛苦，她们决心要让自己的子女读书识字。草编妇女将打帽赚来的钱抽出一点一滴，再汇集拢来，创立了"余姚私立草帽业小学"。该学校至今仍作为爱国主义教育的好材料被称颂和展示着。她是"草帽人"共同奋斗的见证和缩影。

可惜的是，1937年全面抗战爆发，海运阻塞，原料中断，外销停滞，使正处在辉煌时期的金丝草帽业几乎停顿。抗日战争结束后略有好转。

三 国营慈溪金丝草帽厂历史之回顾

中华人民共和国诞生后，草帽编织业也获得了新生。1950年5月，在浒山、周巷设立手工业改进所，以扶植金丝草帽生产（见《慈溪县志·大事记》）。1954年3月，在长河承福庵原坤和帽行所在地，正式成立"余姚县供销合作社草帽经营管理部"；同年10月随慈溪县境变动，改称为"慈溪县供销合作社草帽经营部"。1955年7月这个"草帽经营部"改名为"慈溪县长河金丝草帽厂";这一年该厂收购金丝草帽270180顶,虽然远低于历史记录,但比上年增长了2倍多;发放编帽报酬337732元,相当于慈溪全县一年下放农业贷款总额的54%强。这对改善农民生活、增强农业生产后劲起到了重要作用。

更不应忘记的是,1956年8月初慈溪遭受特大台风袭击后,县委提出了"生产自救,节约度荒"的口号,长河一带也相应采取了"生产自救,节约度荒,金丝草帽帮忙"的措施。当时金丝草帽生产对民生的作用可见一斑。

1956年在浒山收发站和长河、天元、周巷3个草帽社的基础上,新增逍林、泗门、观城收发站和8个流动点,并在多地举办编帽训练班,为以后生产奠定良好基础。1957年5月"慈溪长河金丝草帽厂"改称为"慈溪县手工业联社草帽加工厂"。1957年金丝草帽产量达到71.2万顶,为中华人民共和国成立后的历史最高值,但仍仅占早年年产量的近60%。据《浙江沿海各县草帽业》(民国20年)载:以长河为主的余姚金丝草帽"年产120万顶,占全省总产量的70.14%。玻璃草帽年产4万顶,占全省总产量的10%。麻草帽年产4万顶,占全省总产量的1.32%"。

1959年5月其改名为"慈溪金丝草帽加工厂",系县属国营企业,草帽也逐渐由上海市工艺品进出口公司独家出口。1979年1月其又更名为"地方国营慈溪金丝草帽厂",此名沿用至最后。塑着"慈溪金丝草帽厂"大字的高大烟囱现在仍耸立在长河老东街南侧,成了不可多得的历史见证者。

1980年金丝草帽厂获慈溪县科学技术成果三等奖

1993年金丝草帽厂被评为出口创汇明星企业

先任金丝草帽厂厂长，后任慈溪工艺品厂厂长的陆焕利（2017年）　　2018年陈爱娥87岁

进入20世纪70年代，菲律宾等地金丝草料供应不足，以致金丝草帽产量出现波动和衰减，1970年仅生产了0.9万顶。但后有回升。1981年慈溪金丝草帽厂生产的"天坛牌"金丝草帽被评为浙江省优质产品，以后连续7年保持了这一荣誉；1983年"天坛牌"金丝草帽荣获经贸部优良产品奖。1987年金丝草帽产量为3.73万顶，又达到了小高峰。1990年该厂草帽（含其他草帽）生产规模为浙江省首位，居全国第11位，出口创汇200多万元，占全国草帽行业出口创汇额的35%，是浙江省、宁波市及慈溪市的出口创汇重点企业。

有人认为金丝草帽是慈溪外贸经济的发祥。我想慈溪金丝草帽厂出口创汇的比例在我市老国营工业企业中独占鳌头，应是确定的。

1970年金丝草帽生产跌入低谷后，慈溪金丝草帽厂励精图治，暂时转产手套，同时致力于开发其他草制工艺品，开始了二次创业。此后其他草制品的产量、品种迅速增多，总量盖过了金丝草帽。

1979年12月为充实领导力量，县委组织部把已离开草帽业20年的陈爱娥调入慈溪金丝草帽厂任副厂长、副书记，主管生产和财务。

1985年慈溪金丝草帽厂顺应形势，在厂内兴建了慈溪工艺品厂。1986年慈溪工艺品厂从慈溪金丝草帽厂分离独立。金丝草帽厂专为上海市工艺品进出口公司经营外销服务；工艺品厂则为浙江省工艺品进出口公司经营外销服务，也同时经营金丝草帽。陆焕利、潘建南相继任慈溪县工艺品厂厂长。

工艺品厂与草帽厂分离另立后，慈溪草制工艺品的生产获得了更大发展。此时，其他草制品的原料增加到咸草、南特草、麦秆、纸草、黄草、龙须草等10多种，式样有各种草帽、篮、盒、包、扇、毯等几十种，各种规格花色多达3000余种，编织户扩展到45个乡约10万人之多，收购值达1197.79万元。慈溪县工艺品厂在金丝草帽生产的后期所作出的贡献，也应载入史册。

过去金丝草帽主销地是美国，约占总出口额的75%—80%；其次是欧洲的法、德、意、瑞士和英国，约占15%—20%；大洋洲的澳大利亚和新西兰则仅占5%左右。

1978年7月16日，中美两国发表联合公报，宣布中美建交；1979年1月1日中美两国正式建立外交关系。中美建交后，中断了30多年的中美草帽交易重新开张，为金丝草帽、麻草帽扩大出口量创造了良好的条件。据载，1983年浙江全省金丝草帽、麻帽等杂帽的总出口量竟达近30万件（每件为600顶）；长年积压的陈货，经加工后也一扫而空。有人认为这迎来的是"后金丝草帽时期"。

据说，1989年国营慈溪金丝草帽厂销售额完成全年计划的190.77%；创汇1440万元，完成年计划的160%；创利税202万元，完成年计划的218.47%。可谓成绩辉煌。

然而金丝草帽经营开始出现了低价竞销，人造纤维帽有所增加。可以想象，在低价竞销中，国营企业及其生产的具有工艺品情趣的金丝草帽，总是不敌其他草帽的。

金丝草帽与其他草帽在经营上最大的特点是：它出口的是坯帽，而不是成品帽。在工艺上最大的特点是：它是手工帽，而不是机制帽。这些竟也成了同业竞争中的劣势。

尽管在厂里，金丝草帽已经经过多道工序加工，但出口时依然属于毛坯。外销后帽厂得到的收入约每顶2—4美元，但外销档次多，价格不一，再加上不是自营出口，单价无法自己作主。金丝草帽到了国外后，还要深加工，如搞修饰、成美型，每顶外加靓丽包装。我估计最终成品在国外销售的单价至少几十、甚至上百美元。金丝草帽的经营得大头的是外商，国内金丝草帽厂得的是小头，打帽人得的是微头。

飘在洋人头上的那顶金丝草帽，其实是"两外一内"的3次加工品，即原料和最终成品在国外，半成品的加工在国内；一次加工在家庭，二次加工在国内帽厂，最后一次在国外；外贸部门称其为"两头在外"业务。

然而，它的价值基础是可歌可泣的千万打帽农村妇女的手工活化劳动。农妇们巧手的第一次加工，与后两次加工相比，算起来竟成了粗活，尽管外商对中国妇人的巧工也很佩服。据说曾有美国商人怀疑这些金丝草帽并非手工制作，而是机械化生产的。为了释疑，金丝草帽厂曾邀请美国客人来参观并摄像，他们终于叹服了。

作为对国营慈溪金丝草帽厂历史之回顾，我不能不罗列下列文字：

至1981年金丝草帽厂下属天元、长河、潮塘、高王、浒山、沧田、大云、小安等8个基本收购站及庵东、逍林、横河等地的多个代理收购站。

厂部占地面积6135平方米，建筑面积3504平方米，固定资产原值90.67万元，职工186人。内设机构为1室3科4个生产车间，即厂部办公室、生产业务科、供销科、财务科，金丝草帽车间、帽子车间、篮子车间、成品帽车间。

厂历年主要领导人即厂长和书记为：张薛林、史济训、张如良、刘瑛、胡芳祥、蒋玉意、马俊杰、叶富康、王芳忠、陆善余、周志林、陆焕利、张孟军等（名单以《慈溪县国营工业志》为准）。当然还有不少敬业的负责人和工人，限于笔者能力和本文篇幅，不能一一写上，这里一并表示敬意。

1998年10月以后，国营慈溪金丝草帽厂完成了历史使命而全部转制。

四 作为尾声的后续

作为慈溪草帽业新生代的罗立国，他原是国营慈溪金丝草帽厂所在地"二大队"的村民，后进入该厂工作，接着成为慈溪工艺品厂的车间主任。罗立国33岁那年（1989年），毅然放弃国企的"铁饭碗"，借来2万元，租了6间农舍，领着8位会制帽的农民，成立了慈溪市申谊工艺品厂。

位于长河东街的慈溪金丝草帽厂（2011年）　　慈溪金丝草帽厂一角（2011年）

20年来他对草帽这一产业不离不弃，成了业内远近闻名的"草帽大王"。后来他建立了"宁波合盛工艺品有限公司"。在长河，规模生产、加工此类产品的企业有金丝艺、中兴、维多利亚、恰恰、蓝天、明发、永兴、张鲁、乡下佬等20多家，"合盛公司"是其中的代表，它目前已发展成为一家涉及房地产、新型材料、冶炼、热电、制造业等领域的多元化、现代化集团公司，称"宁波合盛集团"。

我想，这些单位或公司、集团，无论今日是否转产，草帽都是它们初心难忘的起家之业。

据了解，草帽业的出口额，在现今慈溪的出口额中占比已经很小，其中金丝草帽的额值更是微乎其微。

读者肯定会问缘故。曾为国营慈溪金丝草帽厂、慈溪工艺品厂厂长的陆焕利说：15年前我就预测到这一萎缩的趋势。笔者综合陆厂长和其他人的分析，归纳出的原因是：菲律宾天然金丝草的减少；比较收益的缩减，编织人员后继乏人；各类帽料的替代品增多；钻进象牙之塔的金丝草帽在价格竞争中越来越处于劣势；等等。

而金丝草帽越来越珍贵，且为我们留下许多美好且励志的回忆。

2018年7月25日

南风吹来的油香

——记慈溪机榨油厂兼慈溪老油坊

孩提时代的夏夜我总要去家边的小山墩上乘凉。那时靠一把扇子过夏,没有电扇,更不知空调。睡在朝南的草坡上,仰望星空,这时常常会飘来一股浓浓的油香。它香得入味,甚至能通过鼻黏膜激触舌尖上的味蕾。在每人每月仅二两半食油的日子里,这股油香确实有点馋人。

这股油香来自南门外的慈溪机榨油厂,顺着油香还能看到此厂夜以继日生产的灯光。闻香我就知,机榨油厂正在炒油菜籽。因为读小学时每学期总要搞一次远足、几次"近足"。"近足"常是参观浒山的一些大厂,慈溪机榨油厂是必去之地。当然不是"白去"的,回来得交作文,文章里总要写观厂的所见所闻。

老油车——难以割舍的记忆

这些年来,在致力于"老、少、边、贫"的采风中,我总是关注那些老行当的遗存。本人窃以为中国(食油)制油业的发展经历了三个大的阶段:老式木车手工榨油—机械化榨油—现代浸出法制油。

第一阶段的古法木车榨油想必已经历了悠久的岁月!木车榨油始于何时,我一时找不到答案,但我想早则汉代,迟则明代。它又止于何时?一说"1964年浙江省在全国率先全部淘汰木制榨油机",一说"古老的木榨油车从1971年冬季以来在我们慈溪县国营油厂中一去不返",莫衷一是。

慈溪榨油业由来已久,相传至清代已成为"乡村工业"之一。小则一磨一灶一车，妇烧夫打，也接纳来客加工。榨油主要工具——木车，采用檀树、青柴、麻栗等硬木制成，敲榨木车出油，故称油车。规模稍大的便成了油坊。

在慈溪现境内，从清代到民国年间有据可查的油坊不下30家：如较早的道光六年（1826）浒山南门外婆堰桥有崧盛油坊，东门外有正裕侯记油坊（即东门西油车）。同治初年东门外设正裕蓉记油坊（即东门东油车）。道光初年周巷徐书云在埋沟桥边与恒利酱园同时开设恒利油坊。道光十九年（1839）坎墩三灶开二和、三和油坊。咸丰五年（1855）东埠头洞桥设锦昌油坊。同治六年（1867）逍林择乐路大塘头设老永盛油坊。1874年长河下垫桥设承昌油坊。光绪元年（1875）观海卫东门设三余油坊。光绪初年宗汉马家路设濬源顺油坊。光绪初年白沙倪家路头设油坊，谓"前油车"；光绪二十六年（1900）白沙杜家设长源油坊，谓"后油车"。光绪年间横河七星桥设同和油坊。光绪二十七年（1901）师桥东楼屋设信和油坊。光绪末年拆落市设滋盛油坊。光绪三十三

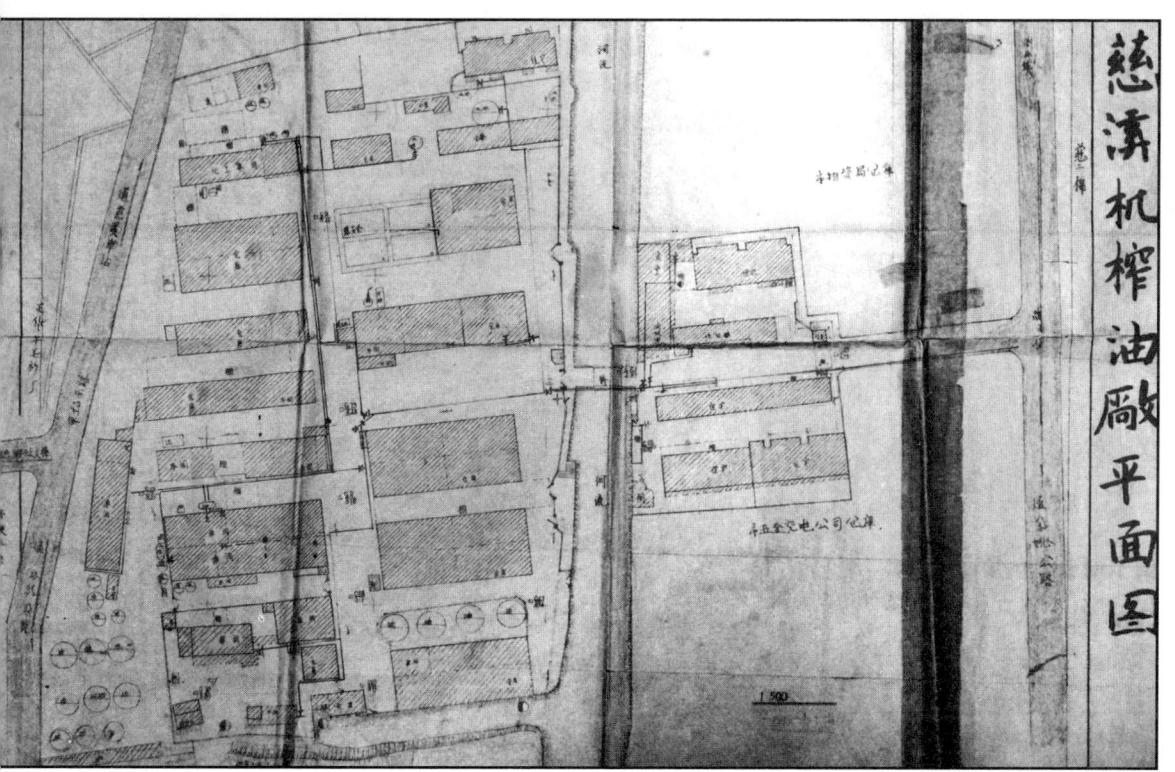

慈溪机榨油厂平面图（1979

年（1907）龙山南门亭设人和油坊，等等。

　　慈溪为何多油坊，原因有二："油"乃开门七事之一，富则多用，穷则少用，不能不用；何况旧时点灯也需棉油、菜油。慈溪又主产棉花，盛出棉花籽，也产油菜籽，原料来路很大。

　　民国初年棉花籽开始外流，本地油业稍衰。至沦陷时期因交通封锁，交易受阻，棉价低廉，植棉减少，榨油业又一度衰落。抗战胜利后油坊又有发展，当时著名的有广和、承昌、源丰、三余、信和、锦昌、濬源顺等油坊。较大的油坊还派出"出江阿大"，外出到江西、绍兴、海宁等地收购棉籽、菜籽、黄豆等。如承昌油坊年自营棉花籽200万斤、油菜籽40万斤。广和油坊旺季时日收购棉籽5000斤。又如周巷骏丰花行老板沈松传，视本地油料业大有可为，与油车阿昌相竞争开源丰油坊，实行新法生产、多种经营。至中华人民共和国成立时，该厂已拥有资本3亿元（人民币3万元），实际5亿多元（5万多元），为姚北最大私营工业企业。1949年前后油坊关闭较多，然而1949年时慈溪仍有油坊26家之多。

　　油坊一般冬春打棉花籽，夏秋打油菜籽。打自己收购来的油料时，用油坊的用语讲叫"本车"；同时油坊也为农民来料加工，对此油坊的用语讲叫"来车"，这要预约加工日期。

　　过去慈溪农村盛行"小满动三车"之说，"小满"即农历年中的第8个节气，也是进入夏季的第二个节气，大约在每年公历5月21日，其含义是夏熟作物的籽粒开始灌浆饱满，但未成熟，只是小满未及大满。油车打油菜籽就是"动三车"之一。一般是淡季多打"本车"，旺季多打"来车"，以调节淡旺季之差异。

　　因为打棉油（花油）先要对棉籽脱壳，而油菜籽不需脱壳，所以打菜油相对简单。（木车）打菜油的普通生产工序是：1. 菜籽先在铁锅中烘炒，一人烧柴火，一人用大铲反复搅炒；2. 对烘炒过的菜籽用碾子碾或用石磨来磨，这一道工序在油坊一般用牛；3. 蒸灶，即把碾碎的菜籽在土灶上蒸；4. 包饼、踩饼，就是先用稻草（油坊称其为组草）垫入起"范"作用的竹片圈内，再在竹片圈内的稻草上倒入蒸过的菜籽，并将伸出在竹圈外边的稻草向内裹实成为饼状，接着迅速用脚踩踏稻草包成的饼，使饼结实，油工称框在饼外面的竹圈为"油

古法榨油（1992年）
1. 炒粉　　2. 灶蒸　　3. 踩饼　　4. 已榨干的菜饼

篾子"；5. 上榨，是将饼树立着，在油车上挨个水平排列，大约 15—20 个为一榨，并在最末个饼背面用檀木垫块塞实，如同楦头撑鞋一样；6. 榔头敲打，也就是在檀木块之间的缝隙再插入"油车塞枕（子）"（也称丈头、木楔），并用力敲打塞子（丈头），使其向前挤压。这时油车上开始出油，流入车下承接的油桶中。"塞枕"形状大小如家乡的粽子，檀木做，一般每车有 3 个，另配垫木 10 来块。对"塞枕"要轮流着敲，当 3 个全部敲实时，此排菜饼的油也就榨得差不多了。

浒山有两句老话："油车塞枕"，意谓手把子等极紧。又"老鼠咬油篾子"，意思是油篾子闻闻香，啃啃却没味，还不如"弃之不舍，食之无味"的鸡肋。

油坊多为单灶，大的开双灶，甚至有 4 灶的。每灶一般供三四部油车，也有多的要供六七部油车。通常每灶有油工 3 人，即"小烧火""大烧火""灶墩师傅"各 1 人。"小烧火"是学徒，烧火和杂活都是他的事；"大烧火"主责是敲塞子；"灶墩师傅"只做"上手活"，他最后出来抡几下榔头，用来把关检验，以示这一车的敲榨结束。3 人中"小、大烧火"苦力最甚。

打油工的劳动强度和工作环境可想而知。说到"苦力活"，人们往往会想到"撑船、打铁、磨豆腐"，其实油工之苦有过之而无不及。劳动强度每班 12 小时（每天两班倒），终日抡大锤、使铁铲，赤着脚踩制炽热的油饼块。工作环境"火烫水热、烟尘兜乱"。冬天也得赤膊上阵。夏天更是苦不堪言，为了避免如注汗水流入眼睛，他们扎制稻草圈戴在额头上，让汗水顺着草须滴在脸外，有时甚至脱掉汗水淋漓的短裤，系上稀疏的稻草帘，如同非洲某些原始部落人一般。流出的汗换来了榨出的油。

几年前我在写《"油车道地"》时，已在几位老人处采访到打油的情景，但他们均不是打油工。"间接得来总觉浅"，我想要写好本文，须得酝酿自己的情感，了解更小的细节。终于，在同仁俞白桦的帮助下，我去天元双东村南盛片采访了 1936 年 11 月出生的老油工周天富。

周老在 1956 年的正月初八从家乡绍兴马山到周巷井亭庵广和油坊做"小烧火"。当年下半年的一场大台风让三北的棉花绝收，周老只得怏怏归去。1957 年周天富复至慈溪，进了长河的协记油厂；1958 年转入宗汉油厂，这时他已升为"大烧火";以后宗汉油厂并入慈溪机榨油厂,周便成了慈溪机榨油厂工人。

周老说,"油车塞枕"并不好敲,每敲几下就要观察变化,力度、角度都要把握好,这是技巧和力量的统一。弄不好塞子弹飞是要伤人的。敲在手上的事也时有发生。至今在他的髀肉上还留着榔头末端长期摩擦后产生的乌影。光着脚踩滚烫的"油筻子",脚底起泡是家常便饭。俗话说:"油车师傅的脚,剃头师傅的手。"那时他们3人竟同时管了7台油车,12个钟头里时刻不得闲。说着说着天富师傅潸然泪下、泣不成声。他的动情让我同情,一股对老工人的敬佩感,对眼下优越生活的珍惜感,对追记行将消逝之往事的使命感,在我心中油然而生。真的,我得到了教育、得到了陶冶,我得到了比微薄的稿费多得多的收获。

20世纪50年代"小烧火"的日工资是1.20元,"大烧火"是1.74元,"灶墩师傅"是2.36元,在浒山美味的"焦饼"单价仅3分的年代里,他们的工资从绝对额讲并不低,但从劳动强度看却并不高。据说不少油车师傅以酒代茶激励自己,平时"开销"也很大。过去油工在打"来车"时,还有"酒钱",当日下班发放。"酒钱"是来加工的顾客悄悄给的,因为要多出油全靠榔头。只要油车师傅多辛苦一点,多抡几下榔头,"酒钱"不是就收回来了吗!当然打"本车",就没有这种"好看钿"了。

过去慈溪的油车工较多来自绍兴,据说光绍兴马山的海塘村就有13个壮汉来慈溪一带当油车工。

在漫长的历史中,面对着如此繁重的劳动,油坊难道不想对工艺作改进吗?回答是肯定的。

民国16年(1927),周巷广和油坊逐步淘汰水牛18只,装上24匹柴油引擎和辊轧床,同时又投资5000银元,在石碾上安装铸铁大牙盘与引擎连接。这是慈溪现境内油坊最早使用的机器。中华人民共和国成立初,榨油的上道工艺如"轧籽、碾坯"基本上使用了引擎,但下道工艺仍沿袭自古以来的手工榔头敲木榨油车的丈头、挤压出油的落后手段。尽管后来还将手敲榔头改为机动吊锤,以提高工效,增加出油率,但工艺在本质上没有进步,充其量是改良。

1951—1957年中国掀起了"一化三改造"运动,慈溪的各油坊、油厂通过

慈溪机榨油厂正大门（2007年）

慈溪机榨油厂生产区一角，在浒山江西侧（2007年）

慈溪机榨油厂食堂，在浒山江东侧（2007年）

政府接收、供销社转接、公私合营等形式进行改造，小油坊合并成油厂，正成为发展趋势。

慈溪机榨油厂——成立的必然

技术进步的内在要求，所有制革命的胜利，在慈溪这个为产棉而划设的农业县，建立一个大规模的、工艺先进的机器榨油厂，是历史的必然选择。

1956年4月慈溪县委、人委根据本县丰富的油源和机榨油业的前景，决定在浒山筹建年产精棉油 3200 吨和浸出精棉油 3600 吨生产能力的机榨油厂，并确定在浒山南门外剑山路浒山江东西两侧的田野上征地约 50 亩建新厂。旋即慈溪县浸出油厂筹备处挂牌，负责人是曾任泗门区委副书记的荣国南。

其实在 1956 年，机榨油厂已不再稀罕。据载，浙江第一家机器榨油厂是宁波通利源机榨油厂，早在 1905 年已经开业。然而慈溪县委、人委领导踌躇满志、心存高远，慈溪油厂的目标是生产浸出精棉油，就是前文所说的第三阶段——最高阶段的"现代浸出法制油"，这已大大超越宁波通利源机榨油厂。

木车手工榨油和机械化榨油虽然分别是食油制油业发展的第一、第二阶段，但它们本质上同属于压榨油。

压榨油和浸出油的区别主要是加工方法的不同。压榨油是油料籽仁经过破碎、轧胚、蒸炒、压榨，将油料中含的油脂挤压出来的产品，属于一种机械物理的制油方法。而浸出油则是油料籽仁经过破碎、轧胚、蒸炒、使用食用级溶剂（正己烷）将油料中的油脂抽提出来的产品，它属于化学萃取的制油方法。显然压榨油和浸出油的前三道工序是相同的。浸出法革除的是最落后、最累人的压榨工序。从这一点说，这才是制油业中一场真正的革命。

目前压榨法仍有沿用，它主要用于要求保留油的特有风味的油料（如香味花生油、芝麻油等）加工，出油率较低，饼（渣）中残油较高。浸出法主要用于低含油原料（如大豆、米糠、棉籽等）和非风味油的制取，出油率高，饼中残油少，处理量大，自动化程度高，生产环境优化，故为当今国内外制油普遍采用的先进方法。

压榨法和浸出法制取的油脂统称为毛油，要成为可供食用的成品油，对毛油还必须进行精炼。要求保留特有风味和一定色泽的压榨油，一般要经过过滤、水化脱胶、碱炼、脱酸、水洗除皂、真空脱水等步骤，颜色超过规定标准的还要使用活性白土脱色。浸出法制取的油脂除经过上述工序外，还要经过真空脱溴，除去油中固有的气味和残留的挥发性物质，即浸出法后期工序更多。有的油脂（如米糠油、葵花籽油）还要增加脱蜡工序；色拉油还要增加冬化脱脂工序。不同的油脂、不同的食用要求，决定了油脂精炼的不同工艺深度。发展到现代的食油制油术已成为一门科学，而不是一种苦力。

但好事总是多磨，1956年8月1日慈溪遭受一场特大台风。台风在象山港登陆，慈溪境内风力也达11级，同时潮位异常。这场风暴，造成惨重灾情：据不完全统计，全县死7人，重伤31人，轻伤230人，海塘出险8处、冲坏11.8公里，塌房子3130间，倒草舍8497间，同时棉地旺发角斑病。台风、病害遭致损失粮食3250吨，棉花19600吨。棉花大幅度减产。（摘自1992年版《慈溪县志》）

可怕的台风导致筹建工程拖延。1958年初根据省工业厅"浸出技术无把握，先建机榨油厂"的指示，当年6月改名为国营慈溪县机榨油厂筹备处。拖延两年的工程终于开工了！

为了了解初创之艰，我在俞白桦的引见下，采访了当年筹备处5个工作人员之一的徐志德。徐老1927年出生于长河高王，年轻时当兵15年，1956年转业到采购局，1957年抽调到机榨油厂筹备处。之后长期担任慈溪县机榨油厂生产科科长。

那时油厂的基建水泥构件用得很少，需要大量木材，油厂首批刚到位的工人，就去武义县的深山背木头。70个人住在山脚下村民家，每天自己烧饭，五点出发上山背树，一天一来回扛一根树木下山，一口气背了两个多月。这种举动于现在的工人来说是难以想象的，而他们却圆满完成任务——让十来栋仓库、五六个车间矗立在慈溪大地上。真可谓筚路蓝缕、可歌可泣啊！

到1958年底大部分车间和仓库土建基本完工，并落实了部分机械设备。不巧，1959年中国进入了国人难忘的"三年特别困难时期"，竣工的厂房没能立即投产，而是歇业，全体工人下放，剩下6位工人留守管厂。据说这次歇业其中还有当时苏联刁难的原因。

慈溪人历来是不屈不挠的。他们顶着"暂时困难"，歇一歇再上。1960年初千方百计订购到了2台先进的200型榨油机（工人亲切地称它为"大红车"）；与上海几家油厂技术协作，并得到了他们的技术援助和对工人的培训；采用迂回的策略，"大红车"生产尚未完善，21台木榨油车重新装配，榔头再敲起来，作为过渡；接着又采取"先机后木"的办法，即前几道工序用机器解决，后道工序用木车完成；还续订"大红车"和其他先进设备。投产！投产！刻不容缓！

1960年6月"大红车"试机成功，工人们欢呼雀跃，县委书记黄建英亲自前来剪彩,以示祝贺。1961年宗汉油厂并入,增强了力量。1962年"大红车"增加到5台,木车完成使命开始撤出。经过6年努力,一个名副其实的机榨油厂才真正建立。这时她日可机榨棉籽12万—14万斤、菜籽8万—10万斤,生产能力让世人刮目相看。

1963年该厂固定资产为90万元,是慈溪粮食系统规模最大、设备最先进的粮油工厂,也是慈溪县首家机器榨油厂和全县最早的国营工厂之一。

至20世纪90年代,慈溪市有3个国营油厂:东为观城油厂、中有慈溪机榨油厂、西为周巷油厂,形成了一体两翼之势。

完成最后冲刺——一个"老国营"的淡出

15年后,1956年的设想终于实现了。1971年慈溪机器榨油厂新建日投料(饼)30吨的四台罐组式浸出器一套。1973年改建的日投料(饼)50吨平转机也投产成功,结束了罐组式浸出器掘饼时须付出强体力的操作。慈溪机榨油厂真正成了"慈溪县浸出油厂"。

虽叫"机榨油厂",但她却经历了中国(食油)制油业发展的全部三个阶段。慈溪机榨油厂可谓制油业中的"三朝元老"。

1981年安装了真空脱水装置。1982—1984年商业部西安油脂科研所与慈溪机榨油厂开发了全国棉仁直接浸出(一浸工程)科研项目。1985年6月5—7日召开全国22家单位和部门参加的鉴定会议,鉴定通过、项目成功。此项目系国内首创,工艺达到美国水平。真可说是扬眉吐气。

慈溪机榨油厂还生产各种副产品。1961年生产出食用浓缩磷酸、麦精蛋黄素产品,又生产出棉油皂供棉农除蚜虫用。1962年自制肥皂成功。70年代制作"5406"春雷霉素菌肥种,支援农业生产。1977年建成年产150吨的脂肪酸车间,1983年扩建改造,至1987年共生产脂肪酸1173.25吨,为上海、杭州、兰溪等地的肥皂厂(洗涤剂厂)提供了原料。1988年棉仁饼脱毒(去棉酚)试验项目成功。慈溪县机榨油厂正向精深发展。

在脂肪酸试制中不能不介绍一个人,那就是归国华侨陈孝才。他1937年11月26日出生于泰国,11岁时回祖籍广东,寄住潮安叔叔家。父子挥泪离别时,

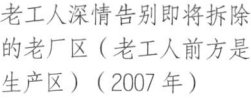

老工人深情告别即将拆除的老厂区（老工人前方是生产区）（2007 年）　　归国华侨、一心扑在机榨油厂工作上的陈孝才（2014 年）　　原慈溪机榨油厂生产科科长徐志德与夫人（2014 年）

父亲语重心长地说："你是中国人，要好好学习中国的文化……""你是中国人"，此话让陈孝才铭记了一生。

　　父亲在泰做小本生意，子女又多，手头不宽裕，叔叔家里也很拮据，靠叔叔资助的陈孝才艰苦地完成了 11 年学业，于 1959 年考入了广州中山大学。1959 年，正值"三特别时困难时期"，叔叔家里更穷了。读大学的钱怎么办？陈孝才徘徊在中山大学门口一筹莫展。这时学校党组织领导告诉他："党不会忘记归侨的，一定想法让你在祖国读完五年大学。"以后陈孝才每月能领到 18 元菜金，外加每月 3 元零用钱。当第一次领到 21 元补贴时，他的手颤抖着……

　　1964 年陈孝才毕业后刚分配到浙江省农业厅，即加入去诸暨的"四清工作队"。1967 年"四清"结束后重新分配，1968 年 1 月陈孝才被分配到慈溪县粮食局，5 月来到了慈溪机榨油厂当技术员。初来乍到的陈孝才人生地不熟，语言交流也十分困难；他第一印象是，浒山很小，机榨油厂孤零零地位于南郊的田野中；自己又从省级机关一下降到基层。许多人劝他倒不如回广东工作。他不是没有动心，但他一想到父亲和党的教诲，就决意留在慈溪。他说："是党在最困难的时期培养了我，我应当服从党的分配，我要在分配地生根、开花、结果。"就这样陈孝才在慈溪机榨油厂安下了心。后来他与白沙路的姑娘结了婚，生了两个儿子，还被提升为负责技术的副厂长。

　　1987 年陈孝才得到了一份油脂加工时油与酸分离新工艺的资料。他想若能将本厂每年流失的 100 吨油酸分离出来，可增加产值 90 万元、利润 20 万元。经过仔细研读后,他向上级领导要求,立项增建油酸分离工程,很快得到了上级领导支持,并把技术攻关的设计任务交给了陈孝才。他说:"每接到这样的任务,我心里总是很激动。"

他一头扑进图纸堆中,不舍昼夜。陈孝才胃溃疡动过手术,刀疤上有炎症,同时伴有胃痛,吃了饭痛,不吃也痛。每一次图纸设计和工艺改进后,他都如同得过一场大病。他妻子知道,只要他一钻进设计室就会忘记出来。见他一手捂着胃腹,不吃饭只喝水,没命地搞设计,妻子忍不住上前劝慰,但都遭他好言婉拒:"我是中国人,党在最困难时培养了我,现在我总要用知识报效祖国。"妻子听了只得嘤嘤抽泣:"这么多年你总是这样……"

到下半年,该工程提前两个月完成,并运转良好。

1988年陈孝才去泰国探亲,见到苍老的他,姐姐妹妹失声痛哭,最后要求他留在泰国,继承父亲留下的100万泰币的固定资产;同时泰国的一位郑老板

领导班子:从左到右为毛如飞副厂长、陈孝才副厂长、史连生书记、童明和厂长、徐绍火副书记(约1987年)

也聘他进其公司，这均被陈孝才一一谢绝。

在三十多年工作生涯中，陈孝才多次被评为县、市级先进工作者，被推选为市、县人大代表，全国侨代会代表，并担任慈溪市侨联副主席。他，践行了老父亲"你是中国人"的嘱咐；他，用自己竭力的付出报答了祖国对游子的培育。

1987年慈溪机榨油厂基本情况是：厂址浒山剑山路31号；厂长童明和，工人130人；流动资产161.63万元、固定资产231.73万元、工业总产值779.35万元、利润总额75.36万元、土地面积32816平方米、建筑面积9206平方米，以上6项指标均为全县粮油饲料业中第1位；车间9个（轧籽、榨油、炼油、浸出、脱溴、脂肪酸、锅炉、配电、机修），为全县粮油饲料业中第1位。

1988年10月慈溪机榨油厂由宁波市政府命名为市级先进企业。

——慈溪机榨油厂到达了发展之巅。

我坚信自己这样的一个判断：在现代社会，一个优越的企业，不但能生产优质的产品，而且能培养优秀的人。光有前者缺少后者，很难称得上优越。而培养优秀的人需要艰苦的环境历练，甚至是逆境。但现在企业环境普遍优厚，像机榨油厂草创时组织工人上深山背木材的事，不复存在了；赤膊抢大锤、光脚踏烫饼成了恍若隔世的故事，然而我们的有志人士只好去营造艰苦环境或场所。不是吗？不少企业单位重视对员工的军训，头顶烈日，匍匐荒地。一些大企业职工搞拓展训练：一对双手空空的男女，面对着高悬十多米的光溜溜圆木爬上去，再爬上去，以考验互相配合的能力和智慧；一位姑娘站立高台、背对正面、禁止目光后视，向下盲然后仰下去，而众人伸出双手在下兜接，以考验你的胆魄和对集体力量的信任。不是吗？西方一些发达国家每位男人都要服兵役，王子要到前线作战。

但在过去那种艰苦环境却是自然存在的，不是人为制造出来。如1972年进慈溪机榨油厂的俞白桦，年仅15岁。他在油厂一干就是15年，在生产第一线"三班倒"的"上三关"做了8年。当时生产环境虽然已与旧式油坊不可同日而语，但依然很脏很累。那时慈溪机榨油厂还是以打花油为主，众所周知，棉花籽外层仍旧有"花衣（花絮）"。打花油首先要脱壳，脱壳时整个车间花絮四扬，工人干活时头戴帽子，脚穿"上山袜"（也叫"草鞋袜"）和草鞋，口罩要蒙两只。进餐就在车间里面，花絮纷纷扬扬地落在饭盒中。棉籽脱壳还有个不安全处：譬如棉籽先在棉花厂脱籽后转运至油厂，其过程可能偶有诸如小铁钉之类的杂物混入，脱壳时就容易出事故。又如半夜倒班，必须守时，否则影响前一班工人的休息。在严冬里的某一天半夜交班时，去厂区的桥上雪积成了冰。慈溪机榨油厂是一桥分二区，桥西是生产作业区，桥东是生活办公区，半夜从宿舍起来去车间上班，桥是唯一必经的通道。积雪发滑致使工人无法走过高高的桥坡。为了不让盼望接班人来到的工友等待，俞白桦和师傅们就卧在桥面上爬了过去。

后来俞白桦被推荐为厂总务和团支部书记，工人们都亲切地叫他"白桦先生"。那年代总务也不好当，当时有两个显明的特点：一是物质条件差，小到米糖油盐酱醋柴等日用品，大至自行车、家具、手表等耐用消费品，样样凭票。常常碰上"僧多粥少"的窘境，难煞"总务大人"。二是企业是个小社会，职工的吃喝拉撒、衣食住行、"入托进幼"，厂里都得管。不像如今社会化服务体系搞得好，不少事务可以推向社会。而"白桦先生"待人公正而不失人情味，办事合情又不逾越规定，深得工人们的信任。

诚然环境艰苦是条件落后的一种表现，人们致力于改变它，但换一个角度讲，它对人特别是对正在成长的青年人，倒是不可多得的磨砺机会。俞白桦今天待人接物的态度，尊老爱幼、助人为乐的性格，能吃苦耐劳、动手能力强的本领，有孝道、能感恩的品行，都是过去在机榨油厂中砥砺造就的。而这些优点正是当今青年所亟需的。1989年俞白桦调离慈溪机榨油厂走上领导岗位，先后担任过市总工会主席、市卫生局局长等职务。

每当我写这类文章时，在结尾前，总要写上这样的话：一个企业的成功决不是只靠少数人的努力，它离不开众人的合力奋斗。我们不能忘记如王加本、杨修本、楼泽华、陈绍明、胡松青、房春琪、施正水、毛如飞等许多担任过主要领导的同志，也不能忘记如陈长水、余志岳、傅文金、劳乃桥、邹文宝、陈纪章、周阿毛等许许多多曾经为榨油厂立下过汗马功劳的员工。但限于篇幅和本人的能耐，我无法写全。

20世纪90年代末期，中国国营企业改革转制方兴未艾。1998年慈溪市机榨油厂转制为慈溪市天地油脂有限公司。2007年前后因沿浒山江景观大道南延工程用地，慈溪市天地油脂有限公司开始拆除。

如果慈溪机榨油厂是个老人，那么她现在将近金婚。2007年盛夏，我最后一次去看望她，并为她拍摄了遗像。"别梦依稀咒逝川，故园三十二年前"。那天在周老家中，白桦和天富师傅不约而同地说："在梦中我常常与机榨油厂相见……"

如今，小山墩被大楼所压，机榨油厂也永远消失，南风依旧而油香不再，在我的怀旧中又多了一份乡愁。

2015年1月8日

梅开两度终于盛

——记国营慈溪水泥厂

追忆慈溪使用水泥的历史

水泥我们曾称"洋灰",也称其为"水门汀",是英语cement的音译,又可直译成"细绵土"。水泥正规名称应该是"粉状水硬性无机胶凝材料",它加水搅拌后成浆体,能在空气中硬化或者在水中硬化,并能把砂、石等材料牢固地胶结在一起。水泥在现代建筑的最基本最重要的材料。

据载中国最早使用水泥是1872年,是当时上海的英国领事馆用的。但中国普遍使用水泥的历史较短,而使用三合土的历史却很久。

三合土自问世后一般用作地面、屋面、房基和地面垫层。三合土夯实后不仅具有较高的强度,还有较好的防水性。据传,秦代修筑长城时,采用糯米汁三合土来砌筑砖石;考古发现,南北朝时期的河南邓县的画像砖墙是用含有淀粉的胶凝材料衬砌;河南登封少林寺,北宋宣和二年、明代弘治十二年和嘉靖四十年等不同时代的塔,在建造时都采用了掺有有机物的三合土作胶凝材料;在清代还将它用于夯筑水坝。即使今天在古建筑的修缮中,仍沿用桐油或糯米汁拌和明矾与石灰等制成的三合土,其黏结性非常好。然而三合土和水泥毕竟是两种不同的胶凝材料。

慈溪最早使用水泥的情况难以考证,我只有从为数不多的现存古建中去找寻。

锦堂师范旧址建于清光绪三十一年(1905),木质地板、楼板,铁护栏,屋顶披小青瓦,墙体用砖错缝清水砌、白灰嵌缝。尽管它没有较多地使用水泥,但已能看到水泥的身影,这是我在那里住过两年的感受。锦堂师范旧址在慈溪应是较早使用了水泥的大型建筑。

又如龙山虞氏旧宅的前三进始建于 1916 年,是中式建筑。后二进是 1926 年动工兴建、1929 年竣工,具有浓郁的西式风格,使用了大量水泥。据称,所用水泥由轮船从上海运到龙山码头,再由小火车运至山下村。当时水泥用铁桶装,每桶 380 市斤,是英国飞马牌、白象牌。但使用牌子和产地有待于核实。

此外道林的徐之萱洋房、崇寿的袁功亭洋房、河头古村的方家洋房、掌起的关头洋房等几乎都建于 20 世纪二三十年代。那时这种使用水泥的洋房,真是凤毛麟角,说明水泥远未普及。

在桥梁方面,慈溪人那时称水泥桥为"洋桥",也是个稀罕物。白沙路朝北凉亭西侧的大古塘上有座"洋桥",据白沙路热心的地方文史爱好者夏振荣老人考证,该桥建于 1924 年,是乡贤宋阿尧采办来水泥建造的。因建造位置重要和破天荒地用了洋灰,该桥成了人人传颂的佳话,号称为"天下第一桥"。但据回忆,洋灰仅用于桥墩,桥板(梁)是木头,说明那时还没有钢筋混凝土。

观曹(观海卫至曹娥)公路后为 329 国道的一段,是 1933 年建造的,沿途造了洋桥,桥板也是木头的。其中的浒山西桥,据《浒山镇志》(1993)载:"1956 年改建为单跨木梁三合土面桥,1968 年改为钢筋混凝土空心板桥。"又据 1992 版《慈溪县志》载:"1954 年,沈师桥公路桥改为县内第一座钢筋混凝土桥。"

慈溪普遍使用水泥始于 20 世纪 60 年代末到 70 年代,那时我在五洞闸支农,水泥农船已经用上了,集体的水泥晒场也很普及,生产队仓库和有些农户已住进水泥屋(即水泥预制构件房)。

据 1992 版《慈溪县志》载:"1964 年,县建筑预制品厂率先制作水泥建筑预制构件。"

这些竟然晚于上海的英国领事馆使用水泥近 100 年。

但是那时老百姓个人要买水泥,几乎不可能。因为水泥是紧缺的计划物资。

一度梅开如昙花

要改变水泥紧缺的局面,只有扩大生产,因此先来简要回顾水泥生产的历史:1796 年,英国人 J. 帕克用泥灰岩烧制出一种水泥,外观很像古罗马时代的石灰和火山灰混合物，故名为罗马水泥。

1824年，英国建筑工人约瑟夫·阿斯谱丁发明了水泥，并取得了专利权。他用石灰石和黏土为原料，按一定配比，在窑内煅烧成熟料后，再经磨细制成水泥，并命名为波特兰水泥。它具有优良的建筑性能，在水泥生产史上具有划时代意义。

1871年，日本开始建造水泥厂。

1889年，中国河北唐山开平煤矿附近，设立了唐山"细绵土"厂，1906年在该厂的基础上建立了启新洋灰公司，年产水泥4万吨。启新公司的建成投产，标志着我国水泥工业的诞生。"启新"也因此被誉为我国水泥工业的摇篮。启新的"马牌"洋灰质量好，价格实惠，很快被全国重大建筑工程所使用。启新公司垄断中国的洋灰市场达14年之久，销量达全国总销量的92%以上。启新公司的生产不仅改变了中国过去洋灰全依赖进口的局面，还于1912年销往美国旧金山，开创了中国水泥出口的历史。

到1949年，全国只有14家水泥厂，年生产能力不足300万吨。1950—1952年，新中国的水泥工业通过接管国民党官僚资本企业，修复遭受战乱破坏的设备，组织恢复生产等一系列工作，使1952年全国水泥年产量达到286万吨。

1952年中国还制订了水泥生产的第一个全国统一标准，确定水泥生产以多品种多标号为原则，并按其所含的主要矿物成分，将波特兰水泥改称为硅酸盐水泥。

1954年，毛泽东视察启新水泥厂，对水泥工业的发展寄予厚望。这极大地鼓舞了广大水泥工业职工的爱国奉献热情。1957年，全国水泥产量达到685万吨，比1952年增加了400万吨。但这685万吨水泥对幅员辽阔、百废待兴的中国而言仍是杯水车薪。

1958年5月，党中央正式确定了"鼓足干劲，力争上游，多快好省地建设社会主义"的总路线，并提出中央工业与地方工业、大中小企业同时并举的方针，号召全国人民争取在15年或更短时间内，在钢铁和主要工业产品产量方面赶超英国。接着，在各行各业"大办工业"热潮下，在"钢帅升帐"的带动中，各地的水泥厂如雨后春笋般地冒出。

慈溪当然也不例外，1958年一下子兴办了慈溪炼钢厂、慈溪水泥厂等12个地方国营工厂。慈溪生产水泥没有任何有利条件，既毫无工业基础，又不产丁点水泥原料，只是凭着"一间草舍一口锅，操起铲子就开工"的干劲和"人有多大的胆、地有多高的产"的精神。没有技术人员就去各单位抽调有些文化的职工，没有工人就去农民中招募，所谓"丢下锄头就拿榔头"——慈溪水泥厂就这样匆匆上马了。据说那时水泥厂厂址在金山南侧的后横江一带。

　　不知是历时太短，工厂存在不过2年，还是距今太久，事隔将近一甲子，采访第一个慈溪水泥厂变得非常困难，出足全力但见微功：

　　去年慈溪市土管局原副局长陈红捷为我提供了首个慈溪水泥厂的工人合影。这张清晰的合照上面标题是："地方国营慈溪水泥厂全体工作人员留念"，落款日期为"59.5.31"，被摄者共为21人，厂长陈平坐在前排正中。背景只是几间无法辨认地点的小屋。

　　陈平（1918—2002），陈红捷父，早在1950年就任鸣鹤区委组织委员，后

1959年5月31日慈溪水泥厂全体人员合影，第一排中间是厂长陈平

来曾任慈溪县人民委员会人事科科长、机关党委书记、慈溪水泥厂厂长、慈溪县医药公司副经理等职。除陈平厂长以外，合照上的其他20人究竟是谁，我花了大量精力寻询，均没能被识别。这张难得的集体照，依然无法成为我打开第一个慈溪水泥厂尘封历史的缺口。

生于1927年的郑家增是老浒山西门的秤匠，他原有文化程度虽仅初小，但能钻研、勤动笔且多艺多才。1996年他写了一份简单的个人追忆录，其中写道：1958年秋，全面掀起总路线、"大跃进"、人民公社三面红旗的社会主义建设热潮，开展大办工业。当时浒山供销部要办水泥厂，没头没脑地开始搞试验。当时有位镇领导做主，把我借去供销部搞水泥，并派我去奉化学习参观。我们三四个人不土不洋地搞了几个月，还是没搞出适用的水泥。后来"小水泥"停止了。又叫我去搞化工厂……

郑老说的浒山供销部水泥厂可能就是第一个慈溪水泥厂，但无从考证、轶而难载。

与其他厂一样，1959年下半年慈溪水泥厂就很快下马了，头尾不足2年。

紧接着的是1961年，国家开始贯彻执行"调整、巩固、充实、提高"的方针，对工业和一些基建项目进行了调整压缩，对未下马的其他工厂也作了压缩。

二度梅开终于盛

到1965年，工业形势开始好转。基本建设投资的增长，必然引起水泥需求的增长。可以把那时生产的水泥分成两块：统配水泥和地方水泥。前者是严格按照国家计划统一分配的，往往是大厂生产的水泥；后者是地方自己生产、主要为满足本地需求的水泥，大都是小厂生产的，故又称作"小水泥"。统配水泥十分有限，只得由地方水泥来补充，且这种补充作用不可小觑。

1968年后掀起了大办地方水泥的高潮，各级政府、民间集资办水泥厂的积极性高涨。据载，从1970年起地方水泥产量每年以平均21.8%的速度递增。1973年地方水泥产量首次超过了统配水泥，到1978年地方水泥产量达到4253.3万吨，占全国水泥总产量的65.2%，地方水泥厂也由1970年的875家增加到3400多家。

第二个慈溪水泥厂筹建处负责人李之瑜（1970年）

就在这样的情势下，1970年12月第二个国营慈溪水泥厂开始了筹建，这与1958年操之过急、一哄而上的大办工业不可同日而语。1971年5月慈溪水泥厂筹建成功并投产，它的诞生真是枯树逢春。谁人能料13年后慈溪水泥厂会梅开二度，这种情况并不多见，它蕴含着慈溪人对建设家园、改变现状的渴望。

全速筹建

慈溪水泥厂选址在浒山西侧鸣山堰边上的龙头山下。此选因由有三：交通方便利于运输，厂址南离329国道很近，北靠大塘河边，驾车驶船都很便利；西距（原）城区约3公里，粉尘对城区影响较小；龙头山脚下有块杂地，其上只有慈溪畜牧兽医站的小屋，征地较方便，并有拓展余地。

筹建人员是李之瑜、刘宗鉴、周惠庭、杨仁宝、唐仁昌等。其中李之瑜为筹建委员会组长，刘宗鉴、周惠庭为副组长。

李之瑜（1926—2010）是河北皮县人，1954年慈溪划县后先后任慈溪县农行行长、统战部部长、副县长、商业局局长、工业局局长、县政协秘书长等职；刘宗鉴土改后到（老）慈溪，曾任（慈城）城关区委书记，1954年划县后任工交部副部长、县工业局副局长等职。把李之瑜等重要干部调配至筹建处，说明了县委、县府对水泥厂的重视。

筹建速度很快，本着慈溪人常有的先做起来再说的务实作风，不到一年水泥厂就提前投产了。

艰难的生产

草创时期慈溪水泥厂生产艰难。他们采用的蛋窑工艺,现在看来是最落后最低效的——所有工序都是铁锹加手推车,全靠人工;伴随着工人的是粉尘、高温和苦力。

负责生产的后任厂长楼烘达回忆,慈溪水泥厂生产工艺经历了四个发展阶段:蛋窑—土立窑—半机械立窑—机械立窑。前两个阶段从进料到出料是全人工的;第三阶段是人工加机械的连续生产;最后阶段是全机械的自动化连续生产。当年水泥生产的大致工序是:将黏土、白煤、石灰石、煤渣、铁粉等原料轧碎磨粉成生料—把生料粉做成一个个便于煅烧的小球—高温煅烧小球成熟料—研磨熟料,同时配和入石膏等其他辅料磨成水泥—包装出厂。

慈溪水泥厂这样 7 年的艰难生产,换来的却是亏损。

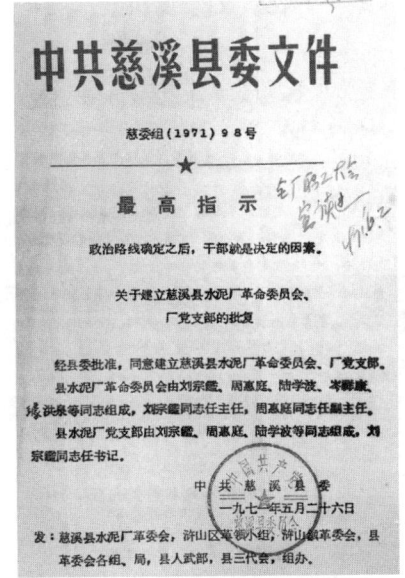

1971 年 3 月慈溪水泥厂筹备处干部工资表

1971 年 5 月县委对建立水泥厂革委会党支部的批复

终于有了盈利

慈溪水泥厂为何亏损?带着这一疑问我多次请教我的老同学楼烘达。楼烘达厂长分析得颇有道理:

水泥生产在慈溪可谓"无米之炊",原料全部靠外运进来。生产 1 吨水泥要用 1.6 吨原材料,这些东西先要载到杭州等地,再铁运至余姚马渚火车站,最后装到慈溪,运费成本很高。规模效益不足,良好的规模效益最好是年产 100 万吨以上,而慈溪充其量还不到 10 万吨。生产过程产生大量粉尘,污染严重,

20世纪80年代的慈溪水泥厂全景

慈溪水泥厂内的水泥库

慈溪水泥厂内的原料棚房

慈溪水泥厂料场一角

弄不好会产生社会问题。——破解此难亟需技改投入!当然,还有国有企业固有的缺陷等等也需要克服。

其中规模效益不足、粉尘污染这两个问题可以通过也只有通过技术改造来解决。经过初步技改后,同时又经过企业整顿,慈溪水泥厂从1977年起年产量方破万吨,抵达了扭亏为盈的起跑线。

进入鼎盛阶段

慈溪水泥厂先后经过了4次大的技改。1984年8月投资85万元,年产4万吨扩建技改项目成功,从此开始了机械立窑生产,初步实现了机械化生产。1986年又安装了2.2米×7米的大型机械立窑,产能进一步扩大。翌年双嘴自动包装机投入使用,至此慈溪水泥厂生产全部实现机械化和自动化,形成了年产5万吨的能力。1987年年产10万吨的扩建工程破土动工,投产后初步实现产能最大化。

这时工厂占地已由初创时约15亩扩大到了130亩。

这时期慈溪水泥厂的科研也频传捷报,

如1979年低压吸送式空气输送获县科技成果二等奖，1982年水泥原料库自动配料装置获县科技成果三等奖，立窑窑体应用膨胀珍珠岩保温技术获县科技成果四等奖等。

慈溪水泥厂产出的"鸣山牌（注册商标）"325#、425#普通硅酸盐水泥，以其质量稳定、凝结快、价格实惠，在城乡居民中素享盛誉，产品供不应求。1985年起生产出的525#高标水泥，更能满足用户的特殊需求。

1987年慈溪水泥厂工业总产值（1980年不变价）259.34万元，税利总额100.6万元，其中利润65.2万元。

慈溪水泥厂连续10年被评为慈溪县先进集体，成了宁波市水泥行业中的重点厂。1981年慈溪水泥厂被评为省文明单位、安全生产单位。1984年被评为宁波市节能先进企业，党支部被评为省先进党支部。慈溪水泥厂进入了鼎盛阶段。

慈溪水泥厂还培养了不少干部，如后任慈溪酒厂厂长的岑祥康，后任慈溪市经委主任的陈式衡、任慈溪味精厂厂长的马成达、任慈溪正源实业总公司党委书记兼总经理的林峰等等。

陈国年厂长

据《慈溪县国营工业志》载：慈溪水泥厂历任厂长有6位、历任书记有4位，不少是厂长兼任书记：刘宗鉴任厂长、书记（1971.5—1972.12）；赵金伏任厂长、书记（1972.12—1973.10）；苗吉田任厂长、书记（1973.10—1976.10）；陈国年两次出任厂长，分别是1976.10—1983.9和1986.12—

慈溪水泥厂书记、厂长陈国年

1994.2，出任书记是1977.7—1994.2；楼烘达两任厂长，1983.9—1986.12和1994.2—1999.8。此外还有《慈溪县国营工业志》未载的末任厂长许松达。其中任期最长是陈国年，他任厂长共15年，任书记17年，直至1994年退休。

陈国年1933年出生于周巷平王街。14岁到师桥油坊当学徒、任店员，1967年他从师桥机榨油厂调到东埠头蒋家山下筹建慈溪棉纺厂（慈一棉），后成为慈溪棉纺厂党委副书记。他是一位经过磨难和历练的企业管理干部。

1977年慈溪水泥厂已开厂7年，投资70万元，工人70余人，出产了7000吨水泥，却亏损7年——碰巧都是"7"。主要的问题除了上述已分析出的不足和缺陷外，较大的症结是生产管理不善，产品质量欠佳，工人积极性没有调动。

又一个无巧不成书的"7"。1977年7月陈国年作为企业整顿工作组成员进驻慈溪水泥厂，后留任为该厂厂长兼书记。

陈厂长的走马上任可谓临危受命。他首先要攻克的大病灶是亏损，他要弥补不足、克服缺陷、向症结开刀。他刻不容缓地从两处下刀：一是着手提高管理水平，二是加大技术改造力度。向管理要效益，向技改要盈利。

他抓领导班子和中层干部建设，既民主又集中、既开放又果断。当时领导班子中楼烘达负责生产、方宏春负责技术、郑志灿负责设备、黄百敖负责供销。

慈溪水泥厂1977年度先进生产工作者合影。从左到右前排：马良浩、陈孟先、蒋玉琴、房冠寅、陈永清、杨志根；中排：张志勤、杜瑞芳、邵志钧、工作队员、陈国年、传达室2人、诸炳友；后排：姚南祥、朱　海、沈狄松、楼烘达、张亦勤、董祖良、翁大良、徐龙孟、马成达、裘益中

1984年全省先进党支部名单，在1985年6月30日《浙江日报》第4版上刊登，慈溪水泥厂党支部榜上有名

在陈厂长的紧抓善管下，大家团结有力，心情舒畅。

他抓工人既关心又严格，用他的话说就是关心工人、依靠工人、管理工人。在慈溪当时国营工业中，水泥厂工人的工资和奖金是最高的。水泥厂有很多农民工，他在任时处分过不少人，但被处分者，事后都口服心服。

他还在厂内着力抓秩序、抓环境、抓清洁，这就是陈厂长说的"扫帚工程"。他自己每天带头整理打扫，别人也都跟上。陈国年说："慈溪水泥厂的全省文明单位是靠扫帚扫出来的。"

1984、1986年陈国年被评为宁波市先进工作者。

《浙江经济》1991年第4期刊登了陈国年的文章《振奋精神敢字当头抓管理》，他说：回顾我厂近年来的起落得失，对敢于管理有两点体会：（1）敢管——首先要自己振作，敢管需要有不怕得罪人的勇气。"种花"与"种刺"，人们都愿意选择"种花"。但是作为企业法人代表的厂长，必须站正位置，处理好国家、企业和职工的三者关系，不能取决于个人的喜恶。我在水泥厂工作十多年，光是经我签发的行政处分决定，恐怕也有厚厚一叠了，谁能保证背后没人记恨于我。

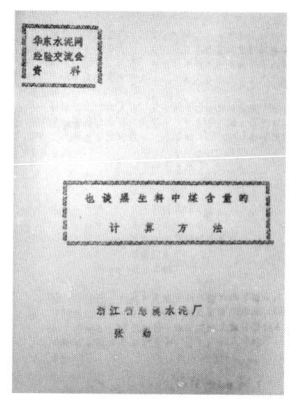  

1986年张勤发表的技术文章　　水泥厂楼烘达收藏的工作笔记　　水泥厂厂长楼烘达与老同事

当时我也犹豫过，算算年纪已近花甲，感到自己已经敢管多年了，退休前就松松吧。后来想到，倘若松管企业就会混乱，这上不能交账，下不好交班，我不能做。

（2）敢管——必须要抓好人头和生产。人头是企业的主体，生产是企业的天职。作为厂长在实施生产管理和经营管理过程中，应该坚持人头和生产一起抓……

现任慈溪市新四军研究会秘书长的林峰，原是陈国年的助手，他说陈厂长是他接触过的厂长中最有能力的一位，很佩服他的管理水平和领导艺术。

不要忘记还有那些工人……

1987年慈溪水泥厂职工总数321人。在这么多职工中我无法去个个寻找采访，也难以一一调查列写，尽管他们在战高温、抗粉尘、出体力的水泥厂里工作都是好样的。如：

陈孟先是个复员军人，在部队里他是吃苦耐劳的坑道兵，据说曾成为南京军区的标兵。到了水泥厂后，他干过立窑车间和厂食堂的主任，始终埋头苦干，是厂内人人叹服的老黄牛。

市人大代表杨志根，曾任水泥车间主任，长期奋战在生产第一线。1982年被评为宁波市劳模，也是一条老黄牛。

陆学波今年83岁，18岁当兵，宗汉南墩人。陆老入伍17年，任了连长。他所带领的连是南京军区的先进连。1970年他复员到水泥厂。他在厂里也兵头将尾，引进了部队里一些行之有效的管理经验，在作业时对工人严格要求，在生活上尽力照顾，取得了良好的效果。

慈溪水泥厂有技术人员 8 人，如工程师邵志钧、王祖恒、张勤，会计师卢如振等。其中张勤于 1985 年在华东水泥网经验交流会上交流了《也谈黑生料中煤含量的计算方法》的技术文章，1986 年在浙江省水泥协会第二届年会上发表了《介绍确定生料碳酸钙滴定值控制指标的公式》，等等。

其实我对工人们的了解只是皮毛，挂一漏万，在所难免。

尾 声

现在中国不仅成为一个水泥生产的大国，而且已经开始向水泥强国迈进。水泥年总产量已经达到了 21 亿吨，占全球水泥总产量的 58%，而且已经在国内显示出总量过剩；新型窑外分解工艺的水泥年产量达到 18.9 亿吨，占到国内水泥年总产量的 90%，产品结构优化的主要目标已经接近实现；重点骨干企业的生产集中度不断提高，大企业集团已经开始形成，前 10 家水泥生产企业的产量达到全行业产量的 30%。

"十五"期间，国家开始淘汰落后的、小规模的水泥产能。作为水泥业的一个小厂，慈溪水泥厂淘汰或转制已不可避免。约于 2002 年，国营慈溪水泥厂终于完成了历史使命。

然而，在国家统配水泥供应不足的情况下，慈溪水泥厂为慈溪建设发展作出的重要贡献将永远载入历史。

2017 年 11 月 23 日

全国小氮肥生产的一面旗帜

——曾经的慈溪化肥厂

追溯慈溪农民使用化肥的短暂历史

农民兄弟们都明白"庄稼一枝花,全靠肥当家"的道理。中华人民共和国成立前,农民一般用家肥和土杂肥壅田施肥。主要的肥种有人粪、河泥、草木灰、畜肥、绿肥、厩肥、堆肥等等。

这些肥料的来源往往是两方面:一是靠自己日常累积和制取的,如被慈溪人称为"料"的人粪、"捉(拾取)"来或堆积的猪牛羊鸡鸭等畜粪、烧柴火后积成的草木灰、掘取或罱来的河泥、堆烧秸秆垃圾而成的"焦泥"等,这些肥料不花钱,全凭勤劳而获。二是花钱而得到的商品肥料,如走家串户"兑料"得来的人粪、"兑灰"得来的草木灰,还有向作坊买来的豆饼、菜饼、棉饼或牛骨、酱渣等残渣。

当然还有一种不可漏写的绿肥,就是慈溪人称为"芘焕"的紫云英(也叫红花草子)、称为"草子"的苜蓿(也叫黄花草子)。春耕时把它们犁入田中,以作基肥。过去家乡还有罱"蕰草"、种田菁作为绿肥的。这些都是真正肥田培土的作料,现在尤其觉得好,可惜少见了。

罱河泥、打蕰草、捉猪屙、拾牛粪、焖焦泥、堆沤肥、翻厩草、葬草子、种田菁……为了积这些农家肥,慈溪老农民汗水没有少流!

与农家肥相对应是化学肥料,简称化肥,是指用化学方法制造或者开采矿石,经过加工制成的肥料,也称无机肥料,是一种商品肥。它包括氮肥、磷肥、钾肥、微量元素肥、复合肥料等,它们具有以下一些共同的特点:成分单纯,养分含量高,

慈溪化肥厂一角（1981年）

肥效快，肥劲猛；某些肥料有酸碱反应；一般不含有机质，无改土培壤的作用。

慈溪农民何时开始使用化肥，一时找不到明确的记载。现简摘1991年版《慈溪农业志》中的一段话：

民国18年（1929）6月浙江省政府在《二年来浙江建设概况》中记述："近因舶来品之人造肥料充斥市场，品质优劣不一，农人以其施用之便与见效之速，轻以购用，贪图近利，不顾远害。"可见当时化肥已进入农村。民国22年（1933），外商来甬推销化学肥料，其种类有硫酸铵……氮磷钾混合肥料。因使用方便，农民有争相购买的，也有不敢使用的，当时政府采取免费发放或贷放，促进了使用。民国36年（1947），慈溪县政府工作报告记述："农林部配发本县免费化学肥料20吨，北区产棉区12吨，西南区5吨，东区3吨，并协助农民银行贷放有价化学肥料9万余斤，查以上各种化学肥料试用后，颇著成效，获配社员均各得益匪浅。"

碳化车间反应塔即将安装（1986年）　　慈溪化肥厂的最终产品碳酸氢铵（1984年）

上段文字告诉我们：慈溪于1947年试用过化肥，但分配到现境的慈溪（即北区产棉区）仅仅是杯水车薪的12吨。中华人民共和国成立不久，人民政府贯彻的是"农家肥料为主，化学肥料为辅"的方针，说明那时化肥仍未广泛使用。我想，慈溪广泛使用化肥，应该是20世纪60年代后期。这是笔者于1969年去五洞闸支农时亲身感受到的。

慈溪农民使用化肥的历史，充其量不过六七十年，这与几千年使用农家肥的历史相比太短暂了。

化肥厂 —— 慈溪的一个全新行业

肥料是植物生长发育所必需的营养元素，据研究表明，农作物产量增加约30%—50%，应归功于天然肥料和化学肥料的作用。

然而天然肥料的积取是十分辛苦的，我吃过这种苦。五洞闸的农田，每块之间都有开有小河。每年冬闲就要把这些河挨个儿抽干挖掘一遍，挖掘出的河泥是很好的基肥，所谓"一斤河泥四两花皮"。17岁刚到农村的我什么都生疏，自然先打"下手"活儿——车水，即用水车把河水抽干。整个冬天几乎每天早晨都赤脚破冰下水车水，五洞闸的水车不是脚踩的而是趴在车头上用双手摇的，这样胸前易被车上来的水打湿，起初车水时衣服前襟湿透，冷得发抖。老农民不忍心我如此挨冻，拿出收藏的塑料布围在我胸前。那时塑料布可是个稀罕物，它是队里少量分配到的进口尿素的包装袋。车完水接下来开始掘河泥。

掘完河泥后还要把半干的河泥一担担从河边挑走，把河泥均匀分散到田间

慈溪水泥厂办公室人员经常参加铲煤义务劳动（1987年）

认真检验出厂的每一批产品（中间为工段长周永建，左二叶善伟，左一车间工会主席郑建华，右二吴大健，右一姓名不详，1984年）

各处。这活儿叫挑河泥。河泥经日晒、雨淋、冰结、霜打后质地变松，就把河泥一块块敲碎，雍入豆、麦根部，这叫敲河泥。这种肥力的获得真是来之不易啊！

若施人粪、畜肥，也有此等辛苦，而且更臭更脏，自不必多说。

自从有了化肥就一改前况，它来源简单，使用方便，效果明显。化肥只消在就近供销社购得，白色小颗粒的进口尿素又轻盈又干净，捞在手中有凉凉的感觉。它性能良好，遇水即溶，在潮湿的土上只要直接撒即可，毋用任何农具。就这样轻轻地一撒，不日，发黄的棉花就变成绿油油的，真是立竿见影。短期内，一袋尿素的肥效比几船河泥还明显。

20世纪70年代的慈溪农民已由过去对化肥的半信半疑转变到了爱不释手的地步。农民称这种尿素为"肥田粉"。看来，那时中国农业已开始步入化肥时代。

只不过当时国内化肥产量有限，农民不能按需而得；进口化肥更是因外汇太少，一袋难求啊！据《浙江省慈溪市供销合作社志》载：慈溪县的化肥供应主要采取了计划分配和奖售两种形式，即按种植面积实行计划分配和按产量高低作奖励性销售。在中华人民共和国，这种奖售是从1961年开始的。1987年慈溪县的办法是：对定购内的粮食，每百公斤供应平价尿素5公斤；定购内的菜籽每百公斤供应标准氮肥10公斤。

这些都说明，农民普遍使用化肥后，化肥成了紧俏商品，慈溪的化肥缺口是很大的。尽管县政府曾设法调剂和筹集地方外汇，以增加尿素的进口；县农资公司还组织人马外出寻购计划外化肥，但缺口依然很大。

慈溪国营工厂纪略

慈溪化肥厂领导人员：右一书记吴振永，右二厂长吴吉丰，中工会主席肖杰（1980年）

厂内举行的党史知识竞赛（1984年）

在厂门口的团员义务服务活动（1984年）

保全工卢相春正在操作维护（1986年）

解决缺口的最好办法就是自己兴办化肥厂。

当时,一直为慈溪棉花生产呕心沥血,又凭慈溪棉花高产声名鹊起的"棉花姑娘"——县委书记黄建英,看在眼里急在心里,她横下一条心,要在慈溪建立一家像模像样的化肥厂。

建立现代化的化肥厂对工业基础薄弱的慈溪县来说是个考验。化肥是舶来品,在中国没有生产的传统。在慈溪的主干国营工厂中,动力机厂有铁业、农具制造业的前身;棉纺厂有三北深厚的纺织传统和得天独厚的原料;酒厂有传统的酒坊;机榨油厂有传统的油坊;金丝草帽厂更是历史悠久。唯独化肥厂是全新的。尽管在

慈溪化肥厂青工在杭州蔡永祥纪念馆前(1982年)

每个车间都有一块黑板报(1984年)

1958年"大跃进"时慈溪也搞过土化肥、土农药的"双土"生产,但毕竟只是运动式、群众性的积肥造肥活动,终因无科技含量、无实际效果,又劳民伤财而很快被叫停。

1970年12月化肥厂终于搭起了筹建班子,后在原浒山镇金山村的东首担山江的南岸征用4.12万平方米的土地。1973年10月基建工程总算破土动工。工厂累计投资440.83万元,经过近4年时间的建造,于1977年6月12日开车成功,翌日全面投产。

慈溪化肥厂建成投产十周年庆祝大会（1983年）

慈溪化肥厂成了小氮肥生产的一面旗帜

我们先来简略回顾世界生产化肥的历史：1828年，德国化学家维勒在世界上首次用人工方法合成了尿素，但直到50多年后，合成尿素才作为化肥投放市场。1838年，英国乡绅劳斯用硫酸处理磷矿石制成磷肥，成为世界上第一种化肥。1840年，德国化学家李比希出版了《化学在农业及生理学上的应用》一书，为化肥的发明与应用奠定了理论基础，后来他还发明了钾肥。1850年前后，劳斯又发明出最早的氮肥。1909年，德国化学家哈伯与博施合作创立了"哈伯－博施"氨合成法，解决了氮肥大规模生产的技术问题。

一百多年后的1958年，中华人民共和国的第一个化肥厂衢州化工厂合成氨分厂才建立。又过了19年，慈溪化肥厂才姗姗来迟。

为何我们这么迟缓？这里有两个常识需要理解，一是化肥厂是管道堆起来的工厂，要建造必须有强大的钢铁工业支持。有些还必须是耐高压的优质钢材，当时中国没有这么多外汇去进口这些优质钢材。这就是所谓"能造大炮、潜艇的国家，才能搞现代化肥厂"的说法的由来。二是化肥厂是属高能耗的工业，

碳化车间职代会代表与厂领导合影（1983年）

需要大量的能源支撑，包括煤、电和天然气等，这需要强大的能源工业配套。这就回答了为什么20世纪70年代以前，中国的化肥厂又小又少的问题。

慈溪化肥厂生产的是属于氮肥的碳酸氢铵（简称碳铵），它的基本原料是煤，日耗煤炭约50吨，这要全部外购。慈溪化肥厂要消耗将近全县1/4的电量，慈溪用电本来就不宽裕。冷却和化学反应都要靠水，慈溪化肥厂用水量是每小时300吨，慈溪不是富水区，办厂顶困难的还是水。因此只有解决了煤、电、水三个问题，慈溪化肥厂才能冒烟。

慈溪人从来不会知难而退。首先是慎选厂址，先预定在东埠头，但通过探测仍找不到地下水。最后确定在用水和交通较方便的金山村担山庙跟，利用浒山酒厂的厂址，再补征一些土地，扩充而成。浒山酒厂则并入慈溪食品厂。在慈溪燃料公司支持下，保证车队运煤。建立35000伏的输电专用线，直供化肥厂。打深井取水，打了200口试探井，最后在白沙八字桥完成了2口深井，轮流取水，再加上取大塘河的水作补充。

既要开源又要节流。最可贵的是，慈溪化肥厂采用了卓有成效的节能降耗措施。慈溪化肥厂原设计能力为年产碳铵 3000 吨。投产后，为提高质量、降低消耗、扩大产能，又先后投资 210 万元，对造气、压缩、变换、碳化、精炼 5 个生产工段进行了有效的技改，使碳铵的年产量提高到 8500 吨，是原设计能力的约 2 倍，开始扭亏转盈。

1979 年 4 月国家化工部孙敬文部长来慈溪化肥厂考察后，在全国的电话会议上作了《谁说小氮肥不能扭亏转盈》的讲话。这使慈溪化肥厂在全国同行业中出了名。1979 年该厂已不再用国家的政策补贴了——这可是全国第一个不需国家补贴、扭亏为盈的小氮肥企业！ 1980 年慈溪化肥厂荣获化学工业部"全国小氮肥战线红旗单位"称号。1984 年慈溪化肥厂每吨合成氨的煤电耗分别降到 1331 公斤和 1126 度，连续 6 年获得"节能先进企业"的称号。

化肥厂出了个吴吉丰

吴吉丰是个朴实低调的人，采访他时总是不大要讲自己的业绩。我说：写慈溪化肥厂不能不写到你，写你并不意味否定别人的成绩。

吴吉丰先生 1945 年 1 月出生于余姚低塘辉桥村，1963 年考上浙江大学化工系，"当时没有挑选专业，国家需要什么就学什么"。1968 年毕业后，他被分配到长兴县化肥厂。1972 年他调入慈溪化肥厂筹建处。化肥厂投产后，吴吉丰先后任技术员、生技科科长、副厂长。1983 年任厂长，主持生产。

慈溪化肥厂厂长吴吉丰（1980 年）

生产氮肥关键是制出氢气。大致流程是：在煤炭燃烧后，通入水蒸气，制造出含有氢气、一氧化碳和氮气等的水煤气，再通过一系列的加工，合成氨和二氧化碳；同时再加工并通过加压生成氨气（即 NH_3），这就是我们化学老师常说的刺鼻的"阿摩尼亚气体"（Ammonia），最终制成碳酸氢铵。这一过程说来并不复杂，但做来万难，而且其中生成的多为易燃易爆物。

氮肥生产系统是由一个个相对独立的单元

1979年吴吉丰荣获全国劳模的证书　　1979年吴吉丰荣获全国劳模奖章

（工段）组成的，各单元之间具有密切关系。上一单元的产品或输出，即为下一单元的原料或输入，各个单元相互紧密联系形成一个连续的生产过程。整个生产过程可以分为造气、脱硫、压缩、变换、脱碳、合成、甲醇、尿素等主要单元（工段）。各单元的操作在工艺上密切联系，但在地域上分散、在控制上相对独立。氮肥生产成本主要取决于系统的能耗，系统能耗除了与采用的工艺流程有关外，在很大程度上取决于系统控制的算法及稳定性，因此，化肥生产过程的控制系统对整个生产成本具有关键意义。

慈溪化肥厂的第一批工人好多是从浙化二厂调来的老工人，年龄偏大，文化基础差，不识ABC，更不懂化学，然而以后控制系统的操作是要他们去完成的。因此当务之急是先培训工人。吴吉丰结合自己的知识和实践，编制了50多万字的教材《岗位操作法》《开停车方案》《安全技术规范》等；他又手把手地传授，最后带出了一大批技术工人和干部，因此许多工人和干部都亲切地称他为吴老师。

针对当时全国化肥产量低、亏损大的现象，他常常牺牲业余时间，与工人一起连续几十个小时排除各种故障，开展120多项技术革新，效果显著的就有26项。查核慈溪县"（国营工业系统）1978—1987科技成果获奖情况表"，化肥厂共有8个项目获得县科技成果奖（见《慈溪县国营工业志》）。这样，经过不断的培训学习，不断的技术革新，不断的改进控制，慈溪化肥厂的产量提高，能耗下降。

这面"全国小氮肥行业的红旗"终于在慈溪大地上升起！

吴吉丰1978年8月后任慈溪化肥厂副厂长、厂长，直至1993年化肥厂转制为止。30多年来吴吉丰厂长倾情于化肥生产，他没有豪言壮语，他的理想很朴实——"要把工作做好"。那时，他常常以铁人"宁可少活二十年，拼命也要拿下大油田"的精神激励自己，他说："想起王铁人，我就有一股力量。"

吴厂长虽然工作十分努力，厂里的效益也不错，但那时他的经济收入并不多。尽管收入与自己的付出未成正比，但他无怨无悔。他说自己过得非常充实，在这个平凡的岗位上凝聚了他一生的热情和追求。

我记得早在1946年冯友兰讲过："'才'可高可低，高可做大事，低可做小事，不论他才之高低，他只要在他的岗位上做到尽善尽美，就是圣贤。"冯先生讲得真好，不愧为大哲学家。

去吴吉丰家采访时，我看了他的劳动模范证书，总觉得他的证书比别人的更厚重，而且有国务院的署名。回家查阅新编《慈溪市志》（2015）"1951—2011年慈溪市全国和部级劳动模范、全国先进生产（工作）者"表格，得知60年中全市由国务院签署的全国劳动模范仅为9人，其中工业系统只有1人，那就是吴吉丰。

我说，他是"老黄牛"式的知识技术型劳模。从中，我发现劳模也在进步——成为能苦干又有知识技术的"双料"。

但慈溪化肥厂不仅仅有吴吉丰——"红花虽好还靠绿叶扶"。

结语：短短的历史一页已翻过，但却值得回顾

慈溪化肥厂从筹建到结束不过23年时间，在不长的历史中我们可以看出这样的趋势：农民由不使用化肥，到相信化肥，再到普遍使用化肥，直到现在的化肥使用过多；中国化肥生产，由低产高耗的小化肥厂分散经营，到现代大化肥厂的集约化经营。这表明地方小化肥厂的结束是历史的必然。尤其是慈溪，已由传统的农业县转变为现在的工业大市，慈溪农民的化肥需求已用不着自己的小化肥厂来承担。

但是，在一个特定的年代里，慈溪化肥厂的生产有力弥补了慈溪化肥的缺口，促进了慈溪农业的增产，这一页历史还是书写得较辉煌。

后来根据产品一主多副生产方针，慈溪化肥厂还生产了现代工业所需的、科技含量较高的六氟化硫，并取得了良好的经济效益。

慈溪化肥厂不仅生产了化肥，而且造就了一批技术工人和管理干部，为慈溪的工业发展作出了贡献。化肥厂1987年有职工562人。原厂里的许多仪表工、管道工、电焊工、机修工技术好，转制后分散到多个企业中，成为技术骨干。如1963年出生的叶善伟，1981年慈溪技校毕业后进化肥厂成了合成车间的操作工，1983年担任生产调度，1988年到质量管理办公室，1990年任碳化车间主任。1954年出生的应成标由知识青年招工进厂而成为首批工人，再在慈溪干部高中班脱产学习2年，后由碳化车间操作工升为班长、工段长、车间主任。他们都是化肥厂的优秀工人。转制后他俩都成了慈溪钢管厂的骨干。

这样的工人一定还有很多，但我无法一一尽写。

在慈溪干部队伍中，市工业公司副经理、市经委副主任虞丰松，工商局原局长吴德昌，供电局原书记、副局长金兴邦，慈溪市农行原副行长顾加庚，公安局原副局长钟要勇，热电厂原厂长黄志江，原印染厂、钢管厂厂长郑祥尧，原食品厂厂长龚均利，原印刷厂副厂长方志伟，原水泥厂副厂长许松达等等都出自慈溪化肥厂。

在写作过程中，又一次让我缅怀了慈溪县委老书记黄建英女士，她在立项、征地、解决"三通"、引进和输送人才等重大决策中功不可没。

他们和本文应写而漏写的人，都为化肥厂出过力、流过汗，历史不会忘记他们。

2017年3月20日

"慈二棉",一个曾经的故事

大产业催生了大工厂

2008年8月13日,网上发布的消息《慈溪近期最热住宅地块慈二棉成功出让》中称:"慈溪二棉地块北至虞家路,南临南二环城路,西至剑山路,东至金棉小区,总占地面积121988平方米,折合土地面积约183亩,容积率为1.2—1.3,为居住和商业用地。该地块最终由绿城房地产集团有限公司以100641万元的价格'摘得'。绿城将整合国内外优秀的规划设计、建筑、景观等资源,将其打造成为慈溪乃至浙江综合品质一流的精品楼盘"。

这个消息表明,"二棉"—"慈二棉"—慈溪第二棉纺织厂,这个曾经在慈溪家喻户晓的最大工厂,即将在浒山的版图上永远消失。

这个坐落在浒山镇剑山路44号(后为126号)的"二棉",筹建于1980年2月,当时称"慈溪棉纺织厂扩建工程筹建处",1981年6月定名为"慈溪第二棉纺织厂"。这个曾是慈溪最大的国营工厂,占地面积14.67万平方米。1987年浒山镇的常

2007年慈二棉主车间外景

住人口为 58629 人（摘自《浒山镇志》），慈二棉的职工人数为 3094 人，占浒山人口的 5.2%，也就是说每 20 个浒山人中就有 1 个是"二棉"的人。

慈溪最大的工业企业出在棉业上，这是有历史渊源的。

曾记否，棉花的生产与纺织是慈溪的第一主导产业。

三北大地自南宋乾道年间（1165—1173）普遍种植棉花后，家庭手工纺织随之产生。清雍正年间（1723—1735），三北的纺织产品已扩展到丝、绵、绢、绸、棉布、葛布、夏布、麻布等 8 种，其中以彭桥一带所产的"小江布"最有名望。随着海涂的北延，植棉区域扩大，专业纺织户日渐增多，纺织开始成为行业主流。清末，三北所产的白布、花布，经宁波、绍兴、台州等地转销四方。全面抗战时期（1937—1945），交通瘫痪，城市机器纺织业凋敝，却为乡镇土纺织业的发展提供了便利，同时周巷、浒山等地的多锭大摇车使用，较大地提高了生产效率，三北的土纺织业兴盛。1943 年，观城东山头妇女纺织合作社成立，这是慈溪现境内首家纺织合作企业。1952 年，周巷家庭针织厂建立，时为本地最大的针织企业。

特别是，1956 年前后慈溪县在龙场、范市、观城、逍林、浒山、周巷、泗门、曹海建立了 8 个正规的棉花加工厂，均属县供销社主管。这 8 个较大棉花厂自东到西覆盖全县，并与其下小棉花厂连接。它们的建立完成了这个当时棉田有 40 余万亩，占宁波地区棉田面积 1/2 以上、占全省植棉面积 1/3 的"浙江棉仓"——慈溪集中产棉县的应有的"大手笔"。

1958 年 5 月，在浒山南门外即环城南路 53 号建立了以棉秆皮为主要原料生产人造棉的地方国营慈溪人造棉厂，后改名为慈溪棉织厂。该厂初创期先后合并了浒山镇手工业针织生产合作社、慈溪炼焦厂、周巷家庭针织厂、慈溪废品加工厂，经过近 20 年的改造发展，经历了"脚踏、手扳机"—"动力铁木机"—"全自动织机"等三个发展阶段，成了接近现代化的棉纺织企业。

现代化的棉纺织企业在慈溪突破性的发展，恰是以在 1966 年 8 月开始筹建、1969 年 12 月试产成功、1970 元旦正式投产的生产规模为 1 万个纱锭的慈溪棉纺织厂为标志的。当时为备战需要，慈溪棉纺织厂躲避进了东埠头蒋家山四溪岙的山沟沟里。山沟沟里确实飞出金凤凰，投产 2 年就收回了全部投资，扩建时

慈二棉厂部大楼（2006年）

慈二棉北大门（2006年）

慈二棉厂内大道（2006年）

慈二棉冷却塔（2006年）

采用了纺纱新工艺，成为全省之首，"三北牌"棉纱被授予省优质产品称号。"二棉"建立后的1986年12月3日，该厂改名为慈溪第一棉纺织厂，简称"一棉"。从此"一棉"与"二棉"成了慈溪第一主导产业的"双子星座"。从某种意义上讲"慈二棉"的建设是"慈一棉"的扩充和提高。

"慈二棉"的建设同样秉承了慈溪人讲求实效的一贯创业风格，采用了"边建设，边生产"的方针：1980年6月到1982年12月完成了纺部车间的建设和投产；1982年6月到1985年1月完成了织部车间的建设和投产；以后又建设有瑞士引进的具有国际先进水平设备的气流纺纱车间。

因此"慈二棉"的建设是通过三期工程完成的。1983年4月27日国家纺织工业部部长吴文英来慈视察"二棉"扩建工程和生产车间时肯定了这一做法。

到扩建工程基本完成投产后（约1987年前后），"慈二棉"的生产规模已达到30000环锭纺、576台布机、4套精梳，8000拈线锭，2400头气流纺。年生产能力为棉纱约7500吨，棉布1600万米。主要产品有纯棉纺、混纺两大类的各档纱支20多个和织布如哗叽、涤府、线绢等10种。1987年7月，"银桃牌"棉纱出口，受到外商好评。从1982年第一期工程投产到1987年底，"慈二棉"累计创产值18445.27万元，上缴税金1450.60万元，实现利润1512.74万元；创汇额达1954.60万元，为当时全县企业之冠。

生产的发展，促进了职工生活的改善。"慈二棉"职工的生活辅助设施是当时全县企业中最好的，食堂、幼儿园、托儿所、浴室、培训场所、医务室等配套成龙，并有职工住宅3.7万平方

慈二棉车间（2006年）

米。作为当时倍受尊重的"五大产业工人"之一的"二棉"工人是自豪的。

据1992年版的《慈溪县志》所载《1987年（慈溪）工业行业分类（表）》表明：在全部31个工业行业中，年产值最高的是纺织业，为36957万元（含村办工业产值）。根据这一数值来估算，其中"二棉"的产值约占总量的近五分之一。又根据《慈溪县志》同一章记载的有关数字来计算：1987年全县棉纺织工业系统拥有环锭纺机49440纱锭，其中"二棉"占60.7%；气流纺机6200头，其中"二棉"占38.7%；织布机1600余台，其中"二棉"占36%；年生产棉纱15608吨，其中"二棉"占48%；产棉布2612万米，其中"二棉"占了61.3%。同年全县棉纺织业出口额为3292.53万元，其中"二棉"占了59.4%。

在当年全县142个（乡以上）的纺织企业中，"慈二棉"是名副其实的龙头。

"二棉"的占地面积是"一棉"的近2倍，职工人数是"一棉"的2倍多，固定资产原值是"一棉"的2.5倍。如果说"一棉"的建立是现代化纺织企业在慈溪突破性发展的标志，那么"二棉"的建立是慈溪棉纺织企业达到顶峰的象征，真是"大产业催生了大工厂"。

1987年以后种棉经济效益不断下降，在比较利益的驱动下，慈溪进行了产业转换。30多年过去了，日历在无情地翻页。"全国首个棉花亩产量'超《纲要》'的县""被周恩来总理昵称的棉花姑娘""中国棉乡""慈二棉""三北牌""银桃牌"棉纱等等，都成了值得回忆的"曾经的故事"。

1980年和以后的几年中，知识青年上山下乡还未全部结束，已下乡的知青

慈二棉宿舍（2006年）

都期待着返城,就业何等难!能进"二棉"当一个光荣的工人,青年人是何等向往!"二棉"的建立不仅解决了慈溪的部分就业问题,还给古老的浒山吹来了青春之风,"三千纱女下凡"对男青年来说更是莫大的福音。从此,两边蛙声和稻田做伴的僻静剑山路充满了青春活力。大片大片棉纺厂特有

慈二棉食堂(2006年)

的锯齿形厂房整齐有序,一群群像棉花一样脸蛋皙白、像纱一样身材细柔的女工鱼贯出入。从此浒山小伙子"找对象"如若"箩里拣花"(此是慈溪老话,"花"即棉花,比喻挑选余地很大)。

青春吹绿了文学园地

"年轻真好",不消说正当年轻的青年人,就是老年人现在回想起来也感到"真好"。青年人有憧憬、有梦想、有激情、有活力、有体魄。在慈溪没有一个单位比"二棉"有更多的青年人了。三千个青年人相聚在一起更是朝气蓬勃、青春横溢、火花四射。

正像回忆"二棉"要讲其生产业绩一样,这里不能不记叙"二棉"的又一个业绩。这个业绩用时髦的话说,就是精神文明;用企业家的话说,就是企业文化;用文艺界的话说,就是文学现象。概括地说:"二棉"萌发了一批文学青年,"二棉"造就了这批文学青年。

在短短的建厂历史中,"慈二棉"先后出现过两批文学青年。第一批有郑建宁、郑国军、王少虎、张建明、范蓉、张群、马俊、张政、沈宁一等等。他们自编自印了不定期文学期刊《野草》。《野草》于1983年5月1日创刊,挂靠为"慈二棉"工会刊物。在创刊号上时任慈溪县工业局党组书记、局长蒋学行写了《立志改革,勇于创新——祝〈野草〉创刊》的卷首语。县总工会原副主席叶富康、原"慈二棉"党委副书记张德灿、原(进"慈二棉"的)县蹲点调查组副组长张如忠等多位领导也动笔祝贺。

在创刊号上发表的文学作品,小说有王少虎的连载第一回《佛陀英雄传》、郑国军的《淡淡的哀愁》、剑鸣的《集邮》;散文有国军的《野草》、马俊的《小路》;诗歌有马俊的《夜,亮了华灯》、范蓉的《从小,你就热爱生活——致张海迪》、张群的《你过生日,我想》、郑国军的《春游抒怀二首》、剑鸣的《给妈妈》,等等。

我欣赏《野草》的刊名——她默默无闻、名不见经传而百花园中又少不了、山林中又不可或缺,她是外表柔弱而骨子里刚强、野火烧不尽春风吹又生的小草。

笔者终于寻觅到了《野草》创刊号——一本仅十多页,16 开幅面大小,内页用老式字模打字机打成、封面用晒图纸晒成的显得过于陈旧的刊物。虽然时过还不足 30 年,但见到这本刊物,却让人有恍若隔世之感。可以肯定,目前与此刊物同龄的青年人几乎都讲不出这种读物是如何印行出来的。

虽然《野草》每期仅印制 300—400 份,但颇受青工们的欢迎。特别是刊物上开辟了释疑解惑的讲心里话栏目后,青工们都纷纷吐露了自己对文学的爱慕和对动笔写作的怯懦,甚至有些女工将自己恋爱上遇到的不安倾诉给编者。《野草》成了摇篮和桥梁。

1985 年"慈二棉"诗社的《月亮船》创刊号

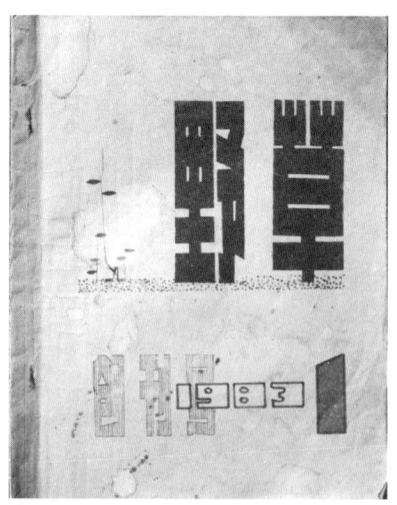

1983 年"慈二棉"文学青年的《野草》创刊号

这批青工的文学创作完全处于"四无"状态，即无脱产时间安排、无经费拨款支持、无稿费报酬所得、无利益杂念驱动。他们是真爱文学，他们的难能可贵就在这里。

这些青工中不乏文笔较好者。当年不足 10% 的高考录取比率，使他们没能及时地进大学深造，但这没有割断他们对文学的追求；进了"慈二棉"，白班、夜班轮着上仍没有阻隔他们对写作的爱好。这是让现在的青年人汗颜的。

1984 年底，刊行了 7 期的《野草》在当时"反自由化思潮"中被叫停。

以后"慈二棉"又出了沈宁一收集整理的《歌集》和由张建明、郑国军、朱建臣、张波编剧、"慈二棉"业余文工团演出的三幕话剧《人生的车站》。当时年轻人中流行"台湾校园歌曲"，印行了 3 期的《歌集》，在青工中甚为抢手。话剧《人生的车站》展现了一位成为失足青年的"慈二棉"21 岁的挡车工小张转变和进步的过程。此剧是"慈二棉"青工自己写自己、自己演自己、自己教育自己，具有较大的积极意义。

"慈二棉"的第二批文学青年有俞强、方若波、王建刚、任富强、张波、陆中儿、方启华、许群峰、毛月圆、阮银芬等等。他们以写诗为主。其中俞强既是佼佼者，又是领头人。

俞强 1985 年参加招工考试后，进入"慈二棉"工作，做过纺织车间辅助工和保全工。1985 年处女作《悬崖上的无名树》获宁波市首届诗歌大奖赛新苗奖。1986 年诗作《青年工人宿舍抒情》在《文学港》杂志上发表。1988 年诗作《凡人二首》在《诗歌报》"江浙专版"上发表。1989 年诗作《凡高的鞋》获"新乐杯"全国诗歌大奖赛二等奖。从此声名鹊起。

1990 年 10 月，俞强借调到市工人俱乐部，从事职工文学创作。组诗《少女司机》在《诗刊》发表。1991 年 2 月调回"慈二棉"，在厂工人俱乐部工作。从此创作和获奖频繁。主要的有：散文诗《我会像风声一样逝去》入选《中国大陆青年散文诗百家》；组诗《热爱生活》在《青年文学》上发表；《爱情短章》获《中国朦胧诗纯情诗解读辞典》中国跨世纪杯二等奖；诗作《小情人》入选《大陆青年诗人诗选》；1994 年组诗《我习惯了大地和生活的静寂》获《作品》杂志社"临工"杯全国新诗征文奖二等奖（一等奖空缺）；诗作获《诗歌报》

1993—1994 年度中国当代诗坛跨世纪实力诗人集结铜奖。《夜眺》入选《中国诗歌年鉴》（1993 年卷）；1995 年诗作《大海与声音》获《诗刊》金鹰杯全国朗诵诗大奖赛佳作奖。

1996 年底他调入浙江日报社为新闻记者，在慈溪记者站工作。《最后的话》在美国《新大陆诗刊》发表。《坠落》入选美国《新大陆诗刊》。1997 年《诗五首》发表在《人民文学》上。诗作《存在与时间》获《诗神》诗神杯全国新诗大赛优秀作品奖。《在诗歌之中被死神凝视》入选《中国诗歌选》（1997 年版，台湾诗艺文出版社），等等。1999 年 4 月，正式调到慈溪日报社工作。以后更是诗集出版频频。主要有 1999 年 11 月诗集《食指和拇指》出版（作家出版社）。11 月 23 日《文艺报》发表了中国社会科学院外国文学研究所袁可嘉教授对该诗集的长篇评论《诗贵升华》。《夜眺》入选《中华人民共和国 50 年诗选》第二卷。

1985 年下半年这批以俞强为骨干的爱诗青工发起成立了"月亮船诗社"，并编印了《月亮船》诗刊。《月亮船》诗刊的开面为《野草》的二分之一，是诗社内部交流刊物。第一辑《月亮船》共 24 页，封面是红黑套色图案，由钢板、铁笔加蜡纸刻划而成，内页文字也用字模打字机加打字蜡纸印成。诗刊顾问为力虹和张坚军，美术设计为毛月圆。

第一辑《月亮船》上发表的作品有：头篇是俞强的《车间主任和香烟》（外二首），接下是蔚蔚（系鄞县的作者）的《生日——唱给失败者的歌》（外一首），方若波的《拥有蓝天——打字员之歌》，毛月圆的《故乡的杨梅》，任富强的《母亲——给青年的女教师》，张波的《我的小船——给一位纺织姑娘》，王建刚的《小镇，背吉它的女孩》和《醉记一二》等共 9 篇诗作。

一般认为我市新世纪的诗歌创作离不开"三社"在此前的孕育与探索。"三社"指的是"七叶诗社""月亮船诗社""朝晖诗社"。"七叶诗社"成立于 1985 年。童银舫、范方其、龚志方、陈洲银、陈雅娣、张琼芬、徐锡权七位农村青年因爱好文学走到一起，从文学前辈乡人袁可嘉先生编的《九叶集》书名中得到灵感，起名"七叶诗社"，同时创办《七叶诗刊》，聘袁可嘉为名誉社长，路工、华宇清两位大家为顾问，其时的《农村青年》杂志社还专门介绍"七叶诗社"并发表了部分社员的诗作。"朝晖诗社"成立于 1991 年，两任社长胡全书、励

1983年"慈二棉"部分文学青年在上林湖畔

顺良均为慈溪企业界知名人士,"朝晖诗社"办有《朝晖诗刊》,不定期出刊,至今已出70多期。"朝晖诗社"与《朝晖诗刊》能从容地走到了今天,离不开"好人"励顺良的资助。

  与"七叶诗社""朝晖诗社"相比,很大的不同是"月亮船诗社"是一家工厂独办的。这也显示了"慈二棉"和它的青工们难能可贵之处。

  此外,"慈二棉"女工阮银芬、黄剑儿等人也油印了刊物《女儿港》。其中阮银芬的短篇小说《远方的星》被宁波人民广播电台配乐播出。

  1986年"慈二棉"成立了全省第一个县级工业企业"文协"分会。周学斌任会长,俞强任副会长,当时的县委常委、县委宣传部长叶沛芳出席了成立会并在会上讲了话。"文协"成立后全国各地的很多作家诗人到厂里来指导,很多年轻人都参与了文学创作。同时厂里还组建了摄影、运动等职工兴趣协会。"慈二棉"成了一所不设围墙的大学。

  在记写"慈二棉"的成果时,也不能忘了各级领导对"文学青工"们的支持和关心,如当时主管工业的副市长沈祥家、当时的厂党委书记童中友、厂长胡学时、被称为"爱珍大妈"的厂工会主席符爱珍等等。

  好的企业不仅出产精品,而且还出产人才,而这个人才是多方面的人才。

这样才能显露出一个现代化的好企业应有的文化、内涵、儒雅和潜力。俞强的成材和成功离不开他自身的努力,也离不开文学青年们共同营造的创作氛围,还离不开"慈二棉"的理解支持。

"慈二棉",一个曾经的故事,一个辉煌的故事!我相信"慈二棉"的生产和文学的同时辉煌在慈溪是空前的,但不会是绝后的。"慈二棉"贡献的不仅仅是经济效益,更重要的是培养了一批技术骨干和文艺人才,很多员工后来成为不少单位的中坚力量。

"慈二棉"在文学上的亮点,在慈溪的所有企业中是最突出的。它同样是"慈二棉"的一个主要业绩,值得总结。因此笔者在成文时落墨较多。

随着推土机的轰鸣声,"慈二棉"那漂亮的锯齿形车间从我们的视线中永远消失了。它的消失表明慈溪这个为棉花而建立的县,已完成了主导产业的转换。

2014 年 4 月 18 日

参考书目

[1] 《慈溪县国营工业志》，慈溪县工业公司编，1991年8月，慈溪印刷厂印制

[2] 《慈溪县志》，慈溪市地方志编纂委员会编，1992年6月，浙江人民出版社

[3] 《慈溪市志》，慈溪市地方志编纂委员会编，1992年6月，浙江人民出版社

[4] 《浙江省慈溪市供销社志》，慈溪市供销合作社联合社编，1989年12月，余姚印刷厂印刷

[5] 《慈溪教育志》，本志编纂小组编，1993年1月

[6] 《浒山镇志》，本志编纂小组编，1994年，浙江省邮电印刷厂印刷

[7] 《周巷镇志》，本志编纂委员会编，2013年9月，浙江古籍出版社

[8] 《横河镇志》，本志编纂委员会编，2007年6月，方志出版社

[9] 《慈溪水利志》，本志编纂委员会编，1991年12月，浙江人民出版社

[10] 《慈溪农业志》，慈溪县农林局编，1991年9月，上海科技出版社

[11] 《慈溪市建设志》，本志编纂委员会编，2016年3月，浙江古籍出版社

[12] 《慈溪盐政通志》，本志编纂委员会编，2004年11月，浙江人民出版社

[13] 《慈溪市电力工业志》，本志编委会编，1998年11月，中国电力出版社

[14] 《慈溪县二轻工业志》，本志编写小组编，1988年9月

[15] 《慈溪粮食志》，尚处于不全的手稿状

[16] 《中国印刷史》，张秀民著，韩琦增订，2006年10月，浙江古籍出版社

[17] 《印刷知识》，丁一编著，1975年1月，科学出版社

附 录

追忆老国企,留住行将湮没的文化记忆

端详黑白照片里青涩的模样,品读"追忆老国企"的娓娓叙述,厚重的历史感扑面而来,似乎沉淀许久的岁月突然重新鲜活起来,引人遐想。那些曾经的辉煌,那些怒放的青春,虽然因时过境迁而消失,但在前辈的脑海里仍留下了无法磨灭的印记。

对于桑金伟来说,这些老国企永远珍藏在自己的记忆里。从2013年5月开始,他在《慈溪日报》的《海地文脉》版连续发表的"追忆老国企"文稿,讲述了几十年前甚至百年前的一则则产业传奇,并配发了很多珍贵的老照片。长篇连续报道引起了读者和有关部门的关注,更触动了那些曾挥洒汗水、贡献青春、追求梦想的老企业干部职工们的深情追忆。

如今,"追忆老国企"的文章将要结集出版,书名定为《慈溪国营工厂纪略》。该书将收录慈溪第二棉纺织厂、慈溪动力机总厂、慈溪机榨油厂、慈溪酒厂、慈溪印刷厂、慈溪化肥厂、慈溪水泥厂、慈溪金丝草帽厂这8个较大的制造企业的纪实报道。桑金伟承接《老浒山》的风格,这本《慈溪国营工厂纪略》也图文并茂,它大约包含30万字和200张照片。

《慈溪日报》开专栏聚焦文化记忆

《慈溪日报》一直有注重人文关怀、重视文化建设的传统,并把关注与参与文化发展提升到战略的高度,多年来把办好副刊当作弘扬先进

文化、打造文化品牌、服务于当地的一件大事和政治责任来抓。《慈溪日报》在积极强化新闻报道的同时非常重视副刊工作，积极为办好副刊创造良好条件，也为地方文化的挖掘作出了积极的努力。

早些年，《慈溪日报》的上林湖副刊就开辟了《浒山老弄堂》《闲话观海卫》等多种系列专栏，自觉挖掘本土文化，从文字与图片上抢救与保护了一批地域文化"细部"景观。随着地方文化建设热情的日益高涨与广大读者对地域文化的兴趣，为了适应新形势，满足群众的阅读需求，《慈溪日报》注重人文关怀，同时深入研究与挖掘地域文化。2012年6月创办《文化视野》周刊，在原有副刊的基础上开辟了《海地文脉》专版，整版定位为慈溪地域文化研究平台。每周一期，对以慈孝、移民、围垦、青瓷等为主要内容的地域文化，进行大梳理大整合。新出刊的《海地文脉》为了深入挖掘研究地方文化，推出一系列引人入胜的栏目。

慈溪国营工业企业曾经是慈溪工业的支撑与传奇，为慈溪的经济腾飞作出过巨大的贡献，创造了许多独特的企业文化与人文传奇。随着经济模式的转型，这些国营工业企业或转制，或改制，在经济发展过程中逐渐完成了各自的使命。而这些企业的历史与文化具有的文史价值，是一笔宝贵的精神财富。若不及时进行抢救式的文字记述与图片整理，随着城市的拆建和前人的离去，这些人文记忆必将流失殆尽或湮没无闻。在这个背景下，《慈溪日报》精心策划组织推出了《追忆老国企》专栏，对慈溪境内原大中型国营企业进行抢救性的记录采写，以文字为主，兼配多幅老照片，本报请具有丰富写作经验和勤于摄影又熟悉老浒山的通讯员桑金伟来担纲此任，并确定慈溪当时最大的国企慈溪第二棉纺织厂作为开篇之作。

2013年5月22日的《海地文脉》通版刊登了《"慈二棉"，一个曾经的故事》，全文八千余字，分两个章节"大产业催生了大工厂"与"青春吹绿了文学园地"。前一个章节写企业的缘起及生产经营，后一个章

《慈溪日报》的《海地文脉》版刊登的国营老厂的文章

节写慈二棉的企业文化。以青工为主的企业总是朝气蓬勃的,时代的良好氛围催生了许多文学青年。15张老照片:有锯齿形厂房连绵起伏的工厂场景、操运会举办时彩旗飘扬的办公大楼一角,纱锭飞转的车间内景,月亮船诗社年轻的社员们的合影,以及两本油印与晒图的刊物《月亮船》诗刊封面与《野草》封面,一下子把人们带到了那个充满青春活力的年代。

桑金伟至今仍感谢《追忆老国企》专栏的编辑俞强。"我一直醉心摄影,在农行搞金融研究却从来没写过工业经济方面的文章。俞强知道我有一套慈二棉的照片,就鼓励我写一篇报道,还热心地联系好,给我重摄慈二棉提供帮助。后来文章见报了,没想到反响很好,于是又开始写了其他的老国企。"

那些企业曾主导我市经济命脉

国营企业，特别是那些主干的国营工业制造企业，是当年慈溪国民经济的主体和命脉。在慈溪，这些企业于过去乡镇企业突起的进程中，不仅贡献了生产技术，而且还提供了一批管理干部。而乡镇企业的突起是慈溪经济腾飞的重要一环。这一特点慈溪比其他县（市）更为明显。

这些老国企在世将近50年，历史不算很长但成就辉煌，这是我们有目共睹的。这些企业从立项、基建到投产，再到辉煌，无不凝聚着慈溪各级领导和广大工人的辛劳。

剑山路上的慈二棉，筹建于1980年2月，占地14.67万平方米，3000多人，当时20个浒山人中就有1位慈二棉人。那时棉花的生产与纺织是慈溪最主要的产业。据《慈溪县志》记载，1987年，全部31个工业行业中，年产值最高的是纺织业。当时慈二棉产值约占这总量的五分之一。1987年，慈二棉拥有的环锭纺机占全市的60.7%，是当时的老大。慈二棉的建立是慈溪棉纺织业达到巅峰的象征。作为二棉的工人是相当自豪的。职工的生活辅助设施是当时全县企业中最好的，食堂、幼儿园、托儿所、浴室、培训场所、医务室等配套，职工住宅有3.7万平方米。它的谢幕表明了慈溪产业结构的转变。1987年以后棉花产业日渐式微，我市经济实现转型。"全国首个棉花亩产量'超《纲要》'的县""县委书记黄建英被周总理昵称为棉花姑娘""中国棉乡"等都成了永远的回忆。

"宁波大曲"辉煌一时，曾获我市酒业的最高荣誉。汲白洋之水以酿美酒，醇香的"宁波大曲"于1976年试制成功。当时的慈溪酒厂靠这个产品打响品牌。"四明山"牌60度宁波大曲被评为省优质产品，1986年联合国粮食署专家品尝后誉之为"慈溪的'茅台'"。1991年宁波大曲被轻工业部评为优质产品。1958年，慈溪酿酒厂在鸣鹤场岳家庙村沙滩桥边的"叶二房"、彭公祠内兴办。1966年，慈溪酿酒厂更名为慈溪酒厂，成为我市酒业的代表。从生产黄酒、醉麸、白酒等，其间调整过主打产品的开发方向，直至"宁波大曲"的研发成功，慈溪酒厂发展到了顶峰。其中的工匠精神更是难能可贵。鸣鹤人徐加宝领衔"宁波大曲攻关组"，攻克技术难题，主要解决在不降低酒质的前提下提高出酒率。他先后6次去上海七宝镇酒厂，7次去江苏洋河大曲酒厂，还去江西、四川等地的酒厂取经，终于解决了这个技术难题。在宁波大曲成功的背后，还流淌着范思慈、毕可良、陆巨康等一帮老干部和200多名踏实肯干的工人的汗水和心血。

慈溪动力机总厂、慈溪机榨油厂、慈溪印刷厂、慈溪化肥厂、慈溪水泥厂、慈溪金丝草帽厂，每一家工厂都有一群立足岗位锐意进取的工人，有一段光辉的黄金岁月，有许许多多创业的故事，它们成就了如今的慈溪经济。

那些岁月记录着青春热血

慈二棉3000多个青年中，大部分为女工。年轻人聚集的地方，梦想和激情特别汹涌。这些有憧憬、有梦想、有活力、有冲劲的年轻人，你追我赶，在文学园地耕耘，造就了慈二棉春色满园的文学氛围，诞生了两批优秀的文学青年。第一批以《野草》期刊为标志，以郑建宁、郑国军、王少虎等人为代表。创刊于1983年的《野草》，每期仅印制三四百份，但深受青年人欢迎，文学形式丰富，包括小说、散文、诗歌等，可惜到1984年底，出了七期的《野草》被叫停。第二批文学青年以诗歌创作为主，以俞强、方若波、王建刚等人为代表。1985年下半年，这些年轻的诗人成立了"月亮船诗社"，并编印《月亮船》诗刊。俞强最为典型。他原来是车间的辅助工和保全工，在二棉工作期间，在《人民文学》《诗刊》《青年文学》《解放军文艺》等全国性刊物上发表诗作近500首，成为小有名气的诗人。后来，俞强的诗歌创作水平日益提升，成为中国作家协会会员，走向了全国。《野草》《月亮船》之外，慈二棉还有《青工园地》《女儿港》等刊物。这块欣欣向荣的文学园地培养了大批文学青年，以星星之火点亮了我市文化的发展方向。

周学斌是当时厂里的团委书记、分厂厂长、办公室主任。1982年入厂，2005年工厂改制，他参加了慈二棉改革工作组工作，担任办公室主任常务副主任职务。"慈二棉的文化氛围相当浓厚，很多年轻人都加入了文学创作，就是一所不设围墙的大学。"他介绍，慈二棉是省里第一个建立县级文协分会的企业，并组建摄影、运动等青年职工兴趣协会，当时很多全国各地的作家诗人到厂里来指导。周学斌说，慈二棉的贡献不仅仅是经济效益，更重要的是培养了技术骨干和文艺人才，很多员工后来成了不少单位的中坚力量。

"很多人都对这段岁月留有深刻的记忆。"桑金伟说，他走访的很多老员工珍藏着那时候的物品、奖状、文件等。原化肥厂厂长吴吉丰至今珍藏着盖有中华人民共和国国务院大章的全国劳模的奖章奖证；原水泥厂厂长楼烘达还保留着自己用过的工作笔记；原印刷厂的老工人陈仕俊、张正良都保存着当年刻字工具和曾用过的铅活字；原化肥厂车间主任应成标收藏着厂里的照片……

写老国企是脚头跑出来

桑金伟说："这是一份很好的'三亲'史料，对政协文史通讯员来说，自己有义务在一部分当事人还健在的情况下，抓紧把它记录和整理出来。"

桑金伟是2011年开始着手准备的，几十万字文章的采写，多种有关原始实物的寻找和翻拍，都靠桑金伟一步一个脚印跑出来。"召开座谈会，请当事人口述，每一篇文章，我都是根据调查所得，成稿后给采访对象一一看过。走访对象既有主管领导，也不忘普通一线工人，尽量做到客观还原。在每篇文章（即每个企业）中，主写一个先进的主管领导和一个先进一线工人，立他们为典型，以点带面。"至今作者已采访过企业领导干部40余人，走访过老工人60多位，开过宽松的小型座谈会7次。

"追忆老国企"文章刊登以后，有不少老工人上门提建议。如观海卫年近八旬的朱老是动力机厂老骨干之子，他希望文章里能把他先父写进去，因为在他眼里，父亲为厂里付出了很多努力。70多岁逍林的张先生也是该厂的老员工，他为此写了一篇补充文章，提交给报社。"很高兴有这么多人关注我的文章！但是毕竟篇幅有限，内容上会有所取舍。"桑金伟说，难免有遗漏的地方，这也没办法，只能请大家见谅了。桑金伟答应出书时会考虑所有的建议，他还希望借结集出版之机广泛征求意见。

在采写过程中，找不到相关的人是最大的难题。身为老浒山人，桑金伟知道古塘绿苑、茜苑新村和金山公园老浒山人聚首最多。所以有事没事，桑金伟都会转转。原慈溪酒厂主管技术的副厂长徐加宝就是这样找到的。大凡第一次上门，桑金伟总会主动送上特殊的"名片"——一册慈溪市文联编的《溪上摄影家——桑金伟》，书上有他的肖像照、简介和作品，另附一份刊有"追忆老国企"文章的《慈溪日报》。"这是我最好的名片，被采访人翻阅后慢慢开始信任我，采访几次后他们都成了我的朋友。"桑金伟说，这个办法很实用。

原慈溪印刷厂的几十年前的老工人开始一直找不到，在一次慈溪电视台"金婚故事"志愿拍摄活动中，桑金伟意外发现拍摄对象陈仕俊就是印刷厂的首批工人，于是趁势开掘，还通过陈仕俊找到了更多的老工人。

桑金伟说，帮助他更多的是摄影圈内人士，如俞白桦帮他找到原机榨油厂数位第一代老工人，通过童碧燕的牵线寻到了动力机厂创始人、厂长龚生达的女儿，通过赵英的帮助上门采访了曾是水泥厂厂长、93岁的赵金伏，等等。在脑勤腿勤口勤下最终都会"柳暗花明"。

据了解，作为政协新的一届伊始，慈溪市政协本届文史资料征编出版计划已列入了 5 本书，除桑金伟的《慈溪国营工厂纪略》外，还有《慈溪文史综合选辑》《慈溪国医药探源》《近现代慈溪商人（暂名）》《慈溪楹联故事（暂名）》。并在日前举行了征编签约仪式。

桑金伟所写的那些"老国企"都是我市制造企业的典型和龙头，每家企业代表了一个行业。他在每篇文章的前段，都追写了该行业和产品在慈溪生产的久远历史，以此溯源寻根。因此文章史料性很强，自然寻找和采访也特别费精力。

桑金伟打算在成书之前将所有文章重新修订一遍，并增加一篇《慈溪国营工厂综述》。这样使没能列为专篇的其他老国营工业企业也写进书中。看来桑金伟的任务还很重。

《慈溪日报》记者：俞强　陆燕青

（原载 2017 年 7 月 12 日《慈溪日报》，收入本书时有修改）

致　谢

　　出书不忘感恩。翻了不少采访本，找寻应感谢的人。生怕漏掉，但遗漏仍难免，敬请原谅。

　　他们，或是给我提供线索、资料，或是为我邀约知情者，或是寻找老照片，或是回忆当年的情景，使我受益匪浅。今天我得好好道谢——诚挚地感谢大家！

　　今天之感谢名单分为两部分：一是原厂的供职者，按原厂名排列；二是除第一批以外的所有人士，有领导、有家属和相关人员等。排名不按职务，道谢不分先后：

　　慈溪动力机厂毛学畅、胡学旦、何康德、马信荣等。慈溪酒厂徐加宝、陈晓英等。慈溪印刷厂朱培军、陈士俊、陈永祥、张正良、祝松发、王承林、邱小康、景石丁。慈溪金丝草帽厂陆焕利、陈爱娥等。慈溪机榨油厂陈孝才、俞白桦、周天富、徐志德。慈溪水泥厂陈国年、楼烘达、林峰、陆学波等。慈溪化肥厂吴吉丰、叶善伟、应成标、胡坚儿等。慈溪第二棉纺织厂俞强、方若波、周学彬、郑国军、范蓉等。慈溪面粉厂徐灿林、叶炜、余松夫。慈溪食品厂劳建英等。浙东化工二厂张建军、方世明、吴杰。慈溪棉织厂赵兰江。慈溪煤制品厂叶建华、毛银儿。慈溪第一棉纺织厂周丽芬等。慈溪县自来水厂赵金伏。慈溪制药厂郑红。慈溪农药厂章启愚、林晓雷等。慈溪机床厂孙家洪等。慈溪农机修造厂胡央儿、王国良。慈溪密封材料厂袁可人等。

各部门人士：沈祥家，许思平，范哲慰，陈积如，陈红捷，陈迪川，龚生达子女龚利红、龚激红、龚学红，李之瑜夫人，夏振荣，赵英，高慧菊，陆燕青，卢旦华，许剑峰，吴兆祥，市档案馆调阅室的工作人员，市政协部分文史员，邦艺公司的设计师等等。

感谢市政协及市政协教科卫体文化文史和学习委员会为文史工作者提供平台。

桑金伟

2019年10月27日

后 记

　　起初拍老工厂的照片只是想与《老浒山》配套的。因为主干工厂很多在浒山。记得 2012 年俞强提出，你有这么多"慈二棉"的照片，最好能写一篇回顾这个厂的文章。2013 年 5 月 22 日，《"慈二棉"，一个曾经的故事》在《慈溪日报》"海地文脉"版上刊载，并用了个"追忆老国企"栏目名。

　　不久有位老领导提出："追忆老国企"不能漏掉慈溪动力机厂，为什么不把它放在第一篇发表？他提得不错，的确慈溪动力机厂是慈溪现境内建立最早、办得最成功，而且转制后依然不改初心、坚守原产品制造的较大国营工厂，这种厂在慈溪是不多的。只是我当初没有写下去的打算，缺乏通盘考虑。说实话，我的主课题是以中国古建为主的民俗，我怕分散自己的注意力。

　　为了补上慈溪动力机厂，于是我开始写第二篇：《"慈动"——迈过甲子的"老国营"》，抱着回报读者关心、建议和慈溪日报编辑厚爱的心情。接着又有了第三篇。到 2017 年 6 月 14 日，第七篇文章发表了。2018 年 7 月有了第八篇：《让彩云飘在头上——记国营慈溪金丝草帽厂》。并就此打住，不再继续。

　　2017 年初，慈溪市政协新的一届伊始，打算将上述 8 篇文章结集成书，并列入政协文史资料征编出版计划，书的暂定名为《慈溪老国营工业企业回顾》。征编出版的合约签订后，市政协领导建议，编书时应增补慈溪老国营工厂整个面上的情况介绍，使之与 8 个工厂的 8 篇文章融成点面结合的书稿。

　　于是我又花了约两年的时间来补上这个面。这样算起来，这本书成书前后约用了 9 年时间，不包括原有照片的积累时间。在写作过程中最困难的是两个：

后记

1. 可供参考的材料极少，除了《慈溪县国营工业志》以外，散见在其他有关各志书中的材料都很简略。2. 各厂的主要当事人很多已离世，剩下的也有不少已是老弱病痴，有些人连电话沟通都已有困难，更不用说用QQ、短信、微信了。

俞白桦看望机榨油厂老工人周天富

因此最艰巨的是采访。凭着自己在慈溪有着丰富的人脉亲缘，我利用一切熟人和机会，以"一传一""一带众"方式，作长期、大量采访。其中分别上门造访有关工厂领导干部40余人、走访老工人60多位，在老人们的牵头下开过小型座谈会7次。尽管采访不尽如人意、"广种薄收"，但他们个个都很热情，对我倒是个鞭策。

桑金伟正在采访

在采访中对我帮助较大是摄影圈内的人士，如俞白桦开着车带我去天元一带寻找原慈溪机榨油厂的第一代老工人，他们可是慈溪古法榨油最后的油车师傅呀，十分难得。通过童碧燕的牵线寻到了动力机厂创始人、厂长龚生达的小女儿，并征得其同意上医院看望龚老，又通过她幸获了其姐为父制作的光盘。在林晓雷协助下我又到庵东顺利进入了慈溪农药厂拍摄，并采访了老厂长和原化验员。通过赵英的帮助上门采访了曾是自来水厂厂长、93岁的老军人赵金伏。慈溪老年大学摄影班学员周丽芬陪我赶到东埠头，去寻觅"慈一棉"遗存；也是这个班的学员劳建英，千方百计地四处打听为我找到了几张慈溪食品厂的老照片……

这些只是多年来我所获得过帮助的"冰山一角"，这里我无法再一一列举了，只得在"致谢"中列名了。

如果没有慈溪日报社同仁重视,没有众人的帮助,没有市政协同志的敦促,此书肯定成不了。因为我曾打过退堂鼓,有人也半开玩笑地说,别人总写今日腾达的民营企业,那至少可以得几盒香烟、吃顿饭什么的,你却写这种难寻的老死东西,何利可图?

今天我终于完成了,我缓缓地舒了口气。现在想起来我还是有收益的:一是能完成市政协交办的任务了,我可是拿着出书协议书在台上"画过押"的,否则我会成言而无信的人。二是出书后我可拿一本给我采访过的人或他们的子女,这是对他们的回报和汇报。三是我得到了再教育,这是我最大的收益。其实每次采访都是一次教育、一种成长,当年我们响应毛主席的号召上山下乡,用老人家的话说是"接受贫下中农的再教育",现在我又接受工人阶级再教育,不是更好吗?

一般说,感谢往往写在后记中。为了诚恳起见我把"致谢"列为专篇置于后记之前。

桑金伟

2019 年 11 月 15 日

图书在版编目（CIP）数据

慈溪国营工厂纪略/慈溪市政协教科卫体文化文史和学习委员会编；桑金伟著. — 宁波：宁波出版社，2019.12（2024.11重印）

ISBN 978-7-5526-3774-8

Ⅰ.①慈… Ⅱ.①慈…②桑… Ⅲ.①国有企业—经济史—史料—慈溪 Ⅳ.①F279.29

中国版本图书馆CIP数据核字（2019）第278885号

慈溪国营工厂纪略

慈溪市政协教科卫体文化文史和学习委员会 编

著　　者	桑金伟
出版发行	宁波出版社（宁波市甬江大道1号宁波书城8号楼6—7楼）
责任编辑	陈金霞
责任校对	庞守江　金芳萍　李　强
装帧设计	邦　艺
印　　刷	宁波市大港印务有限公司
开　　本	787mm×1092mm　1/16
印　　张	11.5
字　　数	190千
版　　次	2019年12月第1版
印　　次	2024年11月第2次印刷
书　　号	ISBN 978-7-5526-3774-8
定　　价	39.00元

版权所有　侵权必究